Jean de Lagarde

Deutsche Uniformen

in Farbe

1939–1945

Ins Deutsche übertragen und bearbeitet
von Karl Veltzé

Einbandgestaltung: Andreas Pflaum unter Verwendung von Vorlagen aus dem Buch.

DANK

Der Autor möchte sich bei all jenen Händlern und Sammlern bedanken, die freundlicherweise Material zur Verfügung gestellt haben, um dieses Buch zu ermöglichen.

Fotonachweis:
Philippe Charbonnier

Von Jean de Lagarde stammen die Beiträge auf den Seiten: 8/9, 10/11, 16/17, 30/31, 36/37, 44/45, 48/49, 50-53, 56/57, 60/61, 66-68, 70/71, 74/75, 76/77, 78/79, 80/81, 82/83, 84/85, 86/87, 88/89, 90/91, 92/93, 94/95, 96/97, 98/99, 100/101, 106/107, 110/111, 112/113 und 124/125.

Folgende Beiträge entstanden in Zusammenarbeit mit

Franck Bachmann: 18-20.
Pierre-Ange Caravano: 28/29, 108/109, 118/119.
Jean-Michel Denis: 14/15, 46/47, 64/65, 114/115.
Christophe Deschodt: 24/25.
Michel Gilbert: 120/121.
Jean François Ghini: 38/39, 42/43.
Didier Lodieu: 58/59, 72/73.
Lucien Noël: 40/41, 122/123, 126/127.
Claude Peltret: 32/33, 102-104.
Jean Peltret: 54/55.
Jacques Scipio verfaßte den Beitrag auf Seite 26/27.

Die französische Originalausgabe erschien 1995 bei *Histoire & Collections, 19, avenue de la Republique, 75011 Paris, France.*
Gestaltung: Patrick Lesieur © PLST
Bildnachweis: Philippe Charbonnier
Fotoarbeiten: SCIPE, Paris

Ins Deutsche übertragen von **Karl Veltzé**
Deutsche Bearbeitung: **Karl Veltzé** und **Martin Benz**

ISBN 3-613-01869-1

3. Auflage 1999

Lektorat: Martin Benz M.A.
Innengestaltung: Viktor Stern
Druck und Bindung: Fotolito LONGO, I-39100 Bozen
Printed in Italy

nhalt

939–1940

941

942

943

1944

1945

Einführung

Diese detaillierte und umfangreiche Studie über den deutschen Soldaten des Zweiten Weltkrieges präsentiert in zahlreichen Nahaufnahmen das Erscheinungsbild einer Armee, die zwischen 1939 und 1945 die Welt erzittern ließ.
Die Entwicklung von Uniformen, die von den Männern des Heeres, der Marine, der Luftwaffe, der Waffen-SS und der Polizei getragen wurden, wird im Verlauf dieses Werkes durch Farbfotografien eindrucksvoll dargestellt.
Indem sich das Buch auf die Uniformen, die Ausrüstung und die Soldaten selbst konzentriert, macht es die Geschichte von damals lebendiger und kann dem Leser und Sammler durch die genaue Darstellung von militärischer Bekleidung und Ausrüstung bestimmte Aspekte des Krieges vielleicht etwas verständlicher machen.
Die Autoren haben auf den schwierigen Feldern der Uniformkunde und der Militärgeschichte beträchtliche Erfahrungen gesammelt und nichts dem Zufall überlassen, um dem Leser ein gründliches, gut dokumentiertes und unvoreingenommenes Werk zu präsentieren.

Paris 1995
Jean de Lagarde

1939–1940

Offizieranwärter

Die 1935 in Würzburg aufgestellte 2. Panzerdivision wurde bis zum 4. Februar 1938 von Generalmajor Heinz Guderian kommandiert und nach dem »Anschluß« Österreichs nach Wien verlegt. Die Division nahm im September 1939 unter dem Kommando von Generalmajor Rudolf Veiel am Polenfeldzug und 1940 am Frankreichfeldzug teil. Im April 1941 kam die 2. Pz.Div. dann nach Rumänien und wurde bald darauf auf dem Balkan und an der russischen Front eingesetzt. Die Division erreichte 1940 als erste deutsche Truppe den Atlantik (20. Mai) und kam 1941 Moskau am nächsten.

Rechts: 1939. Der hier im Ausgehanzug dargestellte Obergefreite gehört zur Stabskompanie der 2. Abteilung des Panzerregiments 3 der 2. Panzerdivision. Der Eigentumsrock (seit 29.6.35 offiziell ersetzt durch den Waffenrock »Sarrasani«) aus feinem feldgrauen Trikot wird vorne durch acht Knöpfe geschlossen. Die Rockfront ist in Rosa vorgestoßen, der Waffenfarbe der Panzertruppe. Sämtliche Knöpfe am Rock bestehen aus gekörntem mattsilbernen Metall. Die aufgesetzten Brusttaschen verfügen über eine dreifach geschweifte Taschenpatte; die eingelassenen Seitentaschen haben einen schrägen Eingriff. Die Ärmel des Ausgehrocks haben einen knapp 16 cm breiten Umschlag. Die an der Armlochnaht eingenähten und nahe am Kragen geknöpften Schulterklappen bestehen aus bläulich-dunkelgrünem Abzeichentuch; der schmale Vorstoß und die eingestickte arabische Ziffer ‚3', das Truppenkennzeichen des Pz.Rgts. 3, sind beide in der Waffenfarbe gehalten. Auch der Kragen, der durch zwei Paar Haken und Ösen verschlossen wird, besteht aus demselben Abzeichentuch wie die Schulterklappen; die silbergrauen Kragenlitzen sind auf Patten in der Waffenfarbe aufgenäht. Das maschinengestickte Hoheitsabzeichen aus Aluminiumgespinst am Rock ist auf einer bläulich-dunkelgrünen Unterlage aufgenäht, so wie die Obergefreitenwinkel aus Uffz.-Tresse am linken Oberarm auch. Der Mann trägt eine Schützenschnur der 5. Stufe für Panzertruppen. Das Geflecht aus Alurundschnur ist zwischen einem kleinen Hornknopf unter der rechten Schulterklappe und dem zweitobersten Knopf des Rockes befestigt.

Links: Das Panzer-Kampfabzeichen in Silber. Diese Auszeichnung, die besagt, daß sich der Träger »bei mindestens dreimaligem Einsatz im Gefecht an drei verschiedenen Tagen bewährt« hat, ist aus versilbertem Metall gefertigt. Das Ausgeh-Seitengewehr KS 98 mit verchromtem Griffkopf, Parierstange und Klinge hat schwarze Bakelitgriffschalen. Die Seitengewehrscheide besteht aus glänzend lackiertem schwarzen Metall und wird in einer schwarzledernen Seitengewehrtasche getragen. Die dunkelgrüne Troddel mit rotem Stengel, die um die Seitengewehrtasche geschlungen ist, verrät dem Eingeweihten, daß der Träger dem Stab der 2. Abteilung angehört; diese Form der Troddel wurde von allen Mannschaftsdienstgraden getragen.

Da er sich in einem geschloss
nen Raum aufhält, ist de
Obergefreite barhäuptig un
trägt seine Schirmmütze u
ter dem Arm. Diese besteh
wie der Rock auch, aus fe
nem feldgrauen Tuch; da
Hoheitsabzeichen und de
Eichenlaubkranz – beide e
haben geprägt – sind au
hellaluminiumfarbene
Leichtmetall. Der au
schwarzlackiertem Kunststo
oder Leder bestehende Sturmri
men ist mittels Ösen und Schi
bern verstellbar und m
zwei schwarzlackie
ten glatten Knö
fen beiderseit
des bläulic
dunkelgrüne
Besatzstreifen
angeknöpf
Um desse
Ränder ur
um de
Deckelran
herum ist d
Schirm
mütze in de
Waffenfarb
vorg
stoße

Das schwarze Ko
pel wird durch e
gekörntes Koppe
schloß aus Alum
nium geschlosse
Am Koppel mußte
die Nähte g
schwärzt sein – s
wäre der Mann no
malerweise nic
aus der Kaser
gekommen. Da
Ausgeh-Seiteng
wehr mit der Kor
panietroddel – hi
nicht zu sehen
wird an der linke
Hüfte getragen. D
steingrauen Tuc
hosen sind aus fe
nem, strapazie
fähigem Tuc
Die schwarze
Ausgehschnü
schuhe haben
sieben Pa
Schnürlöcher; A
satzeisen ur
Sohlenbenag
lung fehle

Zum Ausgar
wurde
Handschul
getrage

des Panzerregiments 3, 1939–42

Dezember 1942. Die zum schwarzen Feldanzug getragene Schützenschnur verrät, daß sich der Fahnenjunker-Unteroffizier nicht an der Front, sondern zur weiteren Ausbildung an der Kriegsschule befindet. Die Feldmütze (»Schiffchen«) ist aus schwarzem Tuch und weist an der Vorderseite ein gewebtes Hoheitsabzeichen auf schwarzem Grund auf. Sie wurde mit Vfg. v. 27.3.1940 eingeführt und beim Pz.Rgt. 3 ab 1.12.1940 ausgegeben. Die schwarz-weiß-rote Kokarde ist ebenfalls auf schwarzem Grund gewebt. Um diese herum ist ein Winkel in Waffenfarbe aufgenäht, die sogenannte Soutache (obwohl sie offiziell im Juli 1942 abgeschafft wurde). Zum dunkelgrauen Hemd aus Trikot wird eine schwarze Krawatte getragen. Die von der Kammer ausgegebene hüftlange Feldjacke und die Feldhose bestehen aus schwarzem Grundtuch. Der übergeknöpfte linke Vorderteil hat unterhalb der Brustklappe eine verdeckte Knopfleiste mit vier Knopflöchern, sowie drei weitere Knopflöcher auf der Brustklappe selber. Die Panzerjacke wurde normalerweise nur mit den unteren,verdeckten Knöpfen geschlossen. Die hier gezeigte Feldjacke ist etwas länger als üblich. Die Knöpfe der Schulterklappen sind aus gekörntem feldgrauen Metall, während die übrigen Knöpfe aus Horn oder Kunststoff bestehen. Unten an der hinteren Naht verfügen die Ärmel über einen Schlitz, der das Aufrollen der Ärmel erleichtert; er wird mit Hornknöpfen verschlossen, die auch zum Verengen des Ärmels dienen. Die mit Tressenbesatz versehenen Schulterklappen des Fahnenjunker-Unteroffiziers sind mittels Zunge und Schlaufe aufgeknöpft; auf ihnen ist das Truppenkennzeichen des Pz.Rgt. 3 aus Weißmetall angebracht (offiziell erst ab Fahnenjunker-Feldwebel zulässig). Das Abzeichen für den Offiziernachwuchs besteht aus je einer Schlaufe aus zwei aneinandergenähten (in diesem Fall aluminiumfarbenen) Unteroffiziertressen auf schwarzer Unterlage, die am Ende der Schulterklappen aufgeschlauft sind. Die rechteckigen Kragenpatten sind in der Waffenfarbe vorgestoßen; auf ihrer Mitte ist der aus Leichtmetall geprägte Totenkopf der gepanzerten Verbände aufgesteckt. An der rechten Brust wird das Hoheitsabzeichen getragen, eine etwas größere Version des Mützenadlers. Zu den Orden und Ehrenzeichen gehören das Eiserne Kreuz 1. Klasse (EK I), das Panzer-Kampfabzeichen in Silber, das DRL-Abzeichen und das Ordensband des Eisernen Kreuzes 2. Klasse (EK II) im obersten Knopfloch. Das Koppelschloß ist feldgrau lackiert.

Unten: Feldhose für Panzerbesatzungen. Sie besteht aus dem gleichen schwarzen Tuch wie die Bluse. Der Hosenbund ist mit weißem Stoff gefüttert; die Hose verfügt über ein eingesetztes schwarzes Gurtband, das mit einer Dreidornschnalle angepaßt wird. Die schräg eingesetzten Seitentaschen und die waagrechte Gesäßtasche werden von leicht geschweiften Patten geschlossen; die eingesetzte Uhrtasche verfügt allerdings über keine Patte. Die verengt geschnittenen Hosenbeine werden mittels Knöpfen und Zugbändern geschlossen.

Unteroffizier der Infanterie,

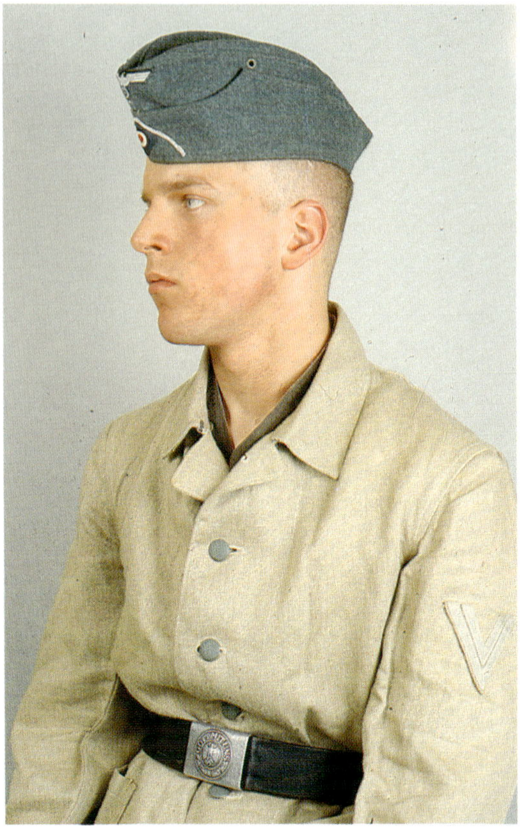

Das »Schiffchen« (Feldmütze) besteht aus feldgrauem Grundtuch von guter Qualität. Auf der Vorderseite des Schiffchens ist ein gewebtes Hoheitsabzeichen angenäht, darunter die ebenfalls gewebte Reichskokarde auf quadratischem, bläulich-dunkelgrünem Grund. Die weiße Soutache zeigt an, daß es sich um einen Infanteristen handelt. Die beiden Metallösen der Lüftungslöcher sind grau lackiert. Der am linken Oberarm aufgenähte Winkel des Obergefreiten, den er als Dienstgradabzeichen trägt, ist auf einer Drillichunterlage angebracht.

Die Uniform besteht aus ungeblei
tem Leinen. Die fünf Knöpfe, mit
nen die Jacke verschlossen wird, si
feldgrau lackiert; der Verschluß d
Kragens erfolgt durch Haken und Ös
Eine ausknöpfbare Kragenbinde a
feldgrauem und weißem Stoff schü
den Hals. Die beiden Seitentasch
der Jacke verfügen über keine
schenklappen. Die Jacke läßt sich r
Hilfe von Zugbändern in der Taille v
stell

Nach einem beschwerlichen Feldzug, Gewaltmärschen und heftigen Gefechten kommen die Infanteriekompanien für ein paar Tage zur Erholung ins Quartier. Ihre feldgrauen Uniformen haben die Männer zum Arbeitsdienst gegen den weißen Drillichanzug vertauscht. Dieser Obergefreite wurde während des Feldzuges zum Unteroffizier befördert und wird demnächst seine eigene Gruppe ins Gefecht führen.

Unten links:
Der frischernannte Gruppenführer führt folgende Ausrüstungsgegenstände in den Einsatz mit: Eine gerollte Zeltbahn 31 mit zwei schwarzen Mantelriemen, einen feldgrauen Brotbeutel, eine Feldflasche, eine Gasmaske mit Tragebüchse und ein Kochgeschirr. Die Gasplane liegt auf ihrer Kunststofftasche, so daß man die Herstellerangabe erkennen kann, die zeigt, daß diese Plane 1939 ausgegeben wurde.

Die gerade geschnitten
Drillichhosen werden du
einen Schnallgurt auf
Rückseite angepaßt. E
lang der Seitennaht s
zwei ungeknöpfte Seiten
schen eingelassen. Der
senschlitz weist fünf Leic
metallknöpfe auf, wie
auch zum Anknöpfen
Hosenträger verwen
werden. Das Koppelsch
besteht aus Stahlblech.
Hosenbeine stecker
Marschstiefeln aus
schwärztem Led

Frankreich, Mai 1940

Der Unteroffizier steht nun für den nächsten Feldzug bereit. Der feldgraue Stahlhelm 35 weist auf der linken Seite ein Abziehbild mit dem Hoheitsabzeichen auf. Der Kinnriemen aus geschwärztem Leder wird mit einer Schnalle aus Leichtmetall verpaßt.

e schrägen
sentaschen
erden mit
auen Kunst-
off- oder
rnknöpfen
rschlossen,
e auch die
säßtasche
f der rechten
ite. Die acht
öpfe zum An-
öpfen der
senträger
stehen aus
chtmetall.
rne rechts
ist die Tuch-
se eine Uhr-
sche auf und
f der Rück-
ite einen ein-
nähten
hnallgurt,
t dem sich
Hosen an-
ssen las-
n.

Rechts: Der Schultergurt der Gasmaskenbüchse, an dem auch die Gasplane aufgeschlauft ist, wird über der rechten Schulter getragen. Über die linke Schulter des Unteroffiziers verläuft das Trageband des Brotbeutels, an dem Feldflasche und Kochgeschirr befestigt sind.

Die Feldbluse 1936 wird vorne mit fünf Knöpfen geknöpft. Der Kragen wird mit einem Haken-Ösen-Verschluß geschlossen. Die Halsbinde ist mit der zum Drillichanzug getragenen identisch. Die aufgesetzten Taschen mit Quetschfalten werden durch geschweifte Taschenpatten verschlossen. In das rechte Vorderteil der Bluse ist eine Tasche für Verbandpäckchen eingelassen. Auf der Rückseite haben die Ärmel einen mit einem Knopf verschließbaren Ärmelschlitz (um die Ärmel leichter aufrollen zu können). Die vier Seitenhaken, die das Gewicht des Koppels etwas auffangen sollen, werden durch Schnürlöcher (vorne zwei und hinten zwei) gesteckt. Der bläulich-dunkelgrüne Kragen ist mit der aluminiumfarbenen Unteroffiziertresse besetzt; die Litzenspiegel der feldgrauen Doppellitzen zeigen die weiße Waffenfarbe. Die aufknöpfbaren Schulterklappen des Unteroffiziers sind ebenfalls aus bläulich-dunkelgrünem Abzeichentuch gefertigt und – hier wegen der aluminiumfarbenen Tresse schlecht zu erkennen – in der Waffenfarbe vorgestoßen. Das Hoheitsabzeichen über der rechten Brusttasche besteht aus silbergrauem Garn auf abzeichenfarbenem Grund. Die gekörnten Knöpfe der Feldbluse sind feldgrau lackiert.

Unten: Der Unteroffizier trägt die folgenden Ausrüstungsstücke am Koppel, damit sie leicht greifbar sind: ein Seitengewehr in schwarzer Seitengewehrtasche, an der die dunkelgrüne, mit Aluminiumgespinst verzierte Unteroffizier-Troddel geschlungen ist (die hier entgegen der Vorschriften im Feld mitgeführt wird), eine Drahtschere in ihrem schwarzledernen Tragebehälter, eine schwarze Doppelglastasche aus Bakelit für das Einheits-Doppelfernrohr DF 6 x 30. Das Fernglas selber ist schwarz lackiert und bietet eine sechsfache Vergrößerung, eine von zwei schwarzledernen Patronentaschen für den Karabiner 98k (Kaliber 7,9 mm x 57). Unter dem Schiffchen liegt die in der rechten Brusttasche getragene Signalpfeife aus Bakelit mit ihrer Kordel, die am zweiten Knopf der Rockes befestigt wird.

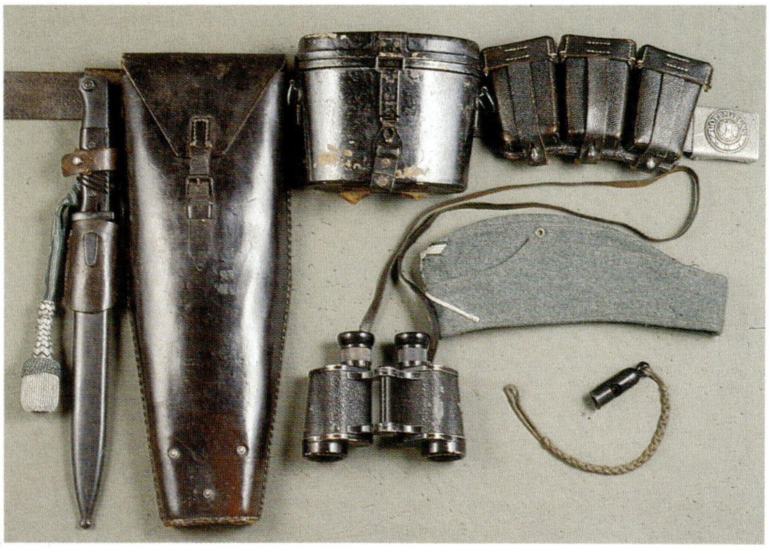

1941

Gefreiter der Fallschirmjäger,

Am 20. Mai 1941 springt die 1. Fallschirmjäger-Division über dem von Briten und Griechen verteidigten Kreta ab und erobert die Insel schließlich nach schweren, verlustreichen Kämpfen. An diesem Tag hängt auch der Himmel über Chania, einem wichtigen Flughafen im Westen der Insel, voller Schirme des Fallschirmjäger-Regiments 3. Hauptmann von der Heydte und seine Männer landen südlich der Straße nach Alikianou. Augenblicklich werden sie in blutige Kämpfe mit den Soldaten der 4. und 10. neuseeländischen Infanteriebrigaden verwickelt, von denen rund 15.000 in dieser Gegend liegen.

Die Fallschirmjäger-Bluse – der berühmte »Knochensack« – besteht aus grünmeliertem, festen Baumwollstoff. Es handelt sich hier um eine Ausführung des 2. Modells, die statt des üblichen Reißverschlusses mit drei durch eine Knopfleiste verdeckten Kunststoffknöpfen geschlossen wird und darüber mit zwei Druckknöpfen im oberen Brustbereich; zwei weitere Druckknöpfe dienen zum Schließen des Kragens. Die schrägen Brusttaschen und die horizontalen Beintaschen werden mit Reißverschlüssen geschlossen, die mit braunen Lederschlaufen versehen sind. Unter der Achsel ist die Armlochnaht zur Entlüftung auf etwa 10 cm offen; weitere sechs Löcher direkt unter dem Schlitz dienen demselben Zweck. Auf beiden Seiten befinden sich in Hüfthöhe Durchgriffe zur daruntergetragenen Uniform, die mit einem Reißverschluß geschlossen werden.

Auf das Koppel mit de
Aluminiumkoppelschl
der Luftwaffe sind
Magazintaschen für
Maschinenpistole 40 u
eine Pistolentasche
die Pistole 08 auf
schlauft; aus der recht
Brusttasche ragt ein w
teres Magazin für die
hervor. Das Koppeltra
gestell besteht aus d
kelbraunem Leder mit
uminiumbeschlägen.
der linken Beintasc
wird noch eine Handg
nate 24 griffber
mitgefüh

Das 1. Modell der Fallschirmjäger-Stiefel ist an der seitlichen Schnürung erkennbar; die aus weichem, geschwärzten Leder gefertigten Stiefel werden mit Ledersenkeln durch je 12 Metallösen geschnürt.

Die Ärmelweite des »K
chensacks« läßt si
durch einen Druckkn
mit zwei Oberteilen re
lieren. An der recht
Brust wird das masc
nengestickte Hoheits
zeichen der Luftwaffe a
weißem Garn a
graublauem Abzeich
tuch getrage

Kreta 1941

›r Fallschirmjäger trägt hier nun seine egermütze aus graublauem Tuch; das heitsabzeichen oberhalb der Kokarde ist mattgrauer Garnstickerei gehalten.

e Feldflasche (hier ohne nkbecher) ist in eine Aufhiebeschlaufe am Koppel gehängt. Die mit ißverschluß verschlossene Gasmaskentragetahe aus starkem graunen Stoff ist über die ke Schulter geschlunn und hinten am Kopl eingehakt.

An der linken Seite trägt der graublau lackierte Fallschirmjäger-Stahlhelm des Gefreiten das Hoheitsabzeichen der Luftwaffe (als Abziehbild). Die graue Beriemung wird gelockert getragen, wodurch ihr Verschluß deutlich wird. Der Dienstgrad des Mannes ist an den beiden Doppelschwingen aus aluminiumfarbenem Metall an den goldgelben Kragenspiegeln der Fliegerbluse erkennbar (Goldgelb war die Waffenfarbe der Flieger- wie der Fallschirmtruppen).

Wegen der Verletzungsgefahr bei der Landung durch die sonst verwendete Tragebüchse aus Metall wurde an die Fallschirmjäger diese Gasmaskentragetasche ausgegeben; die Klappe am Ende wird mit zwei Druckknöpfen verschlossen und der Zug des Reißverschlusses ist zur besseren Handhabung mit einem Kunststoffknebel versehen. Das Trageband ähnelt dem der Metallbüchse, verfügt jedoch über Karabinerhaken und Öse zum leichteren Anlegen; das Hakenband zum Einhängen ins Koppel ist hingegen gleich.

Rechts hinten auf dem »Knochensack« ist eine holsterähnliche Tragevorrichtung für eine Signalpistole aufgenäht1. Die hochgerollten Ärmel lassen den eingenähten, grauen Windschutz erkennen, der bis zum Ellenbogen reicht und – wie die Ärmel selber – mit Druckknöpfen verschlossen bzw. verengt wird. Die Beinansätze lassen sich für den Sprungdienst mit Druckknöpfen schließen1.

1 AdÜ.: Hierbei handelt es sich um nachträgliche Modifikationen, die wahrscheinlich vom Kompanieschneider durchgeführt wurden, und deren umfangreichste das Trennen der Beinansätze war, die sonst in einem Stück geschnitten waren, so daß von oben in die Bluse eingestiegen werden mußte. Damit griff er Verbesserungen des 3. Modells des »Knochensacks« auf.

Die grünmelierte Fallschirmjäger-Hose ist als Überfallhose über die Stiefel gelegt. Die mit zwei Druckknöpfen verschlossene Tasche auf der rechten Seite ist für das Flieger-Kappmesser gedacht.

Hauptmann der Sturmartillerie,

Diese Uniformen und die Auszeichnungen stammen von Friedrich Arnold, geboren am 10. Mai 1919 in Karlsruhe. Im November 1937 trat er beim Ulmer Artillerieregiment 41 seinen Wehrdienst an. 1941 kam Arnold, mittlerweile Leutnant, zur Sturmartillerie, bei der er zunächst als Zug- und zuletzt als Batterieführer eingesetzt war. An der Spitze seiner Einheit vernichtete er zwischen Juni 1941 und Februar 1943 insgesamt 29 Feindpanzer. Am 20. September 1943 verhinderte er im Abschnitt Jasweno einen sowjetischen Durchbruch und fügte seiner »Abschußliste« noch sieben T-34 und einen T-60 hinzu. Bei diesem Einsatz wurde er verwundet und kam ein paar Tage später ins Lazarett.

Für herausragende Tapferkeit wurde Oberleutnant A. am 16. November 1943 das Ritterkreuz des Eisernen Kreuzes verliehen. Zu diesem Zeitpunkt führte er die 2. Batterie der 237. Sturmgeschütz-Abteilung, die im Mittelabschnitt eingesetzt war. Das links abgebildete Ritterkreuz trägt keine Herstellermarke; ungewöhnlich ist, daß die Platte dieses hervorragend verarbeiteten Stückes schwarz emailliert ist.

Der Offizier trägt eine Feldbluse aus schilfgrünem Köperdrillich, wie sie etwa ab 1942 ausgegeben wurde, mit nachträglich angenähtem bläulich-dunkelgrünem Kragen. Die sechs Knöpfe an der Vorderfront (die Feldbluse hatte bis 1941 fünf Frontknöpfe, seit einer Vfg. vom 26.5.41 jedoch deren sechs) sind feldgrau lackiert. Die Taschenpatten sind weiterhin geschweift, doch die Quetschfalten sind weggefallen. Das gewebte Hoheitsabzeichen aus Aluminiumgespinst ist auf Abzeichentuch aufgelegt. Auf den parallelogrammförmigen Kragenpatten aus Abzeichentuch sind handgestickte Doppellitzen mit Litzenspiegeln in der Waffenfarbe aufgenäht, in diesem Fall dem Hochrot der Artillerie, zu der auch die Sturmgeschütztruppe gehörte. Auch die anknöpfbaren Schulterstücke aus mattaluminiumfarbenen Plattschnüren haben eine überstehende, waffenfarbene Unterlage.

Im Oktober 1942 erhielt A. für »hervorragende Leistungen in der Truppenführung« das Deutsche Kreuz in Gold. Nach seiner Beförderung zum Oberleutnant am 1. September 1942 diente er als Zugführer in der 2. Batterie der 201. Sturmgeschütz-Abteilung, die an der Ostfront im Raum Koljubjakino-Lernidowo-Woronesch eingesetzt war. Die hier gezeigte Auszeichnung, hergestellt von der Firma Deschler &. Sohn in München, besteht aus Nickelsilber und ist mit einer vergoldeten Krone versehen. Das Hakenkreuz und der äußere Ring des Mittelelements sind emailliert. Die Auszeichnung ist aus fünf Teilen zusammengesetzt, die vier Nieten verbinden.

Die Schirmmütze ist aus demselb
feldgrauen Trikot gefertigt, das gewöhnli
für Mannschaftsstücke verwendet wur
Der schwarze Schirm besteht aus Vulk
fiber; die silberne Mützenkordel ist
gekörnten, weißmetallenen Knöpfen be
stigt. Während das Hoheitsabzeichen a
geprägtem Aluminium besteht, sind
Eichenlaubkranz und die Kokarde dire
auf den Besatzstreifen der Mü
gestickt. Deckelbiese und Vorstöße a
Besatzstreifen zeigen das Hochrot
Artille

An der linken Brusttasche ist d
EK I angesteckt. Es wurde A.
24. August 1941 verliehen u
wird hier neben dem Allgem
nen Sturmabzeichen (V
leihung am 1. Aug
1941) und dem V
wundetenabzeich
in Schwarz ge
gen. Der Leib
men aus dunk
braunem Le
wird durch e
rechteck
Zweido
schnalle
schloss

Die A
band
stellte
Fir
Ange
1937 h

Die Stiefelho
ist aus fein
feldgrau
Tuch; da
trägt A. ho
Stiefel a
schwarz
Led

Ostfront 1941–45

Hauptmann im kleinen Dienst-
ıg. Die Schirmmütze und die
lbluse sind aus demselben
ıen Stoff geschneidert.

Tuchhose zeigt einen gräuli-
ren Farbton als der Rock.

Alle Abzeichen der Schirmmütze bestehen aus geprägtem Neusilber; der Besatzstreifen aus feinem Tuch. Die maßgeschneiderte Feldbluse für Offiziere, die unter anderem durch die Ärmelaufschläge gekennzeichnet ist, wird entlang der Vorderseite mit fünf Knöpfen verschlossen, während der Kragenverschluß aus zwei Paar Haken und Ösen besteht. Die Taschen mit Quetschfalte weisen geschweifte Taschenpatten auf. Die Schulterstücke sind, wie bei diesem Rock üblich, an der Armlochnaht eingenäht, und die beiden goldfarbenen Rangsterne weisen den Träger als Hauptmann aus. Die Kragenlitzen sind aus silbergrauem Faden; daß für den waffenfarbenen Vorstoß Seide verwendet wurde, ist ungewöhnlich. Das handgestickte Hoheitsabzeichen an der rechten Brust besteht aus mit Aluminiumlitze verfeinertem, silbergrauen Garn, als Unterlage dient bläulich-dunkelgrünes Abzeichentuch.

Das Ritterkreuz wird am Ordensband um den Hals getragen; das Deutsche Kreuz in Gold steckt an der rechten Brusttasche, und an der linken Brusttasche sind das EK I, die IV. Stufe des Allgemeinen Sturmabzeichens und das Verwundetenabzeichen in Gold zu sehen. Das Band der Medaille »Winterschlacht im Osten 1941/42« (Ostmedaille) wird im zweiten Knopfloch des Rockes getragen. Es wurde A. am 28. Juli 1942 verliehen. Die kleine Ordensspange über der linken Brusttasche dokumentiert die Verleihung des Eisernen Kreuzes II. Klasse (9. Juli 1941), der Ostmedaille und des Deutschen Schutzwall-Ehrenzeichens; letzteres wurde ab Ende 1944 für die Arbeiten am sogenannten Ostwall verliehen. Eine Bandauszeichnung zweifach zu tragen war vorschriftswidrig, es wurde aber darüber hinweggesehen.

Die Handschuhe sind aus feinem grauen Wildleder gefertigt; als Fußbekleidung dienen schwarze Schnürschuhe.

Friedrich Arnold, am 20. April 1944 zum Hauptmann befördert, wurde noch am 25. März 1945 die IV. Stufe des Allgemeinen Sturmabzeichens verliehen. Zu diesem Zeitpunkt war er Ausbilder bei der Sturmgeschütz-Ersatz- und Ausbildungsabteilung 500. Diese Auszeichnung erhielten Soldaten, die 75 anrechnungsfähige Einsatztage nachweisen konnten. Der ovale Eichenlaubkranz und die Einsatzzahl »75« unter den gekreuzten Waffen sind vergoldet; das Hoheitsabzeichen des Heeres, die Handgranate und das Seitengewehr auf dem Abzeichen sind feldgrau gehalten; sie sind mit vier Nieten befestigt. Dieses sehr sauber gefertigte Stück ist eine Arbeit des Juweliers Joseph Felix &. Söhne in Gablonz.

Der Offizier wurde mehrfach verwundet und erhielt am 15. August 1942 das Verwundetenabzeichen in Schwarz, gefolgt von der Ausführung in Silber am 16. Mai 1943 und schließlich dem Verwundetenabzeichen in Gold (der höchsten Stufe dieser Auszeichnung) am 19. September 1943. Die gezeigte Auszeichnung aus vergoldeter Zinklegierung stellte Moritz Hautsch in Pforzheim her.

U-Boot-Matrosengefreiter,

Links: Der Matrosengefreite bereitet sich auf seine Brückenwache vor, wo er Ausschau nach lohnenden Zielen und feindlichen Flugzeugen halten wird. Die Schutzbrille mit den roten Gläsern dient zum Erhalt der Nachtsichtfähigkeit. An der linken Seite der Bordmütze (für Unteroffiziere und Mannschaften) aus marineblauem Feintuch steckt das Edelweiß-Abzeichen der Gebirgsjäger, das die Besatzung von U 124 an ihren Kopfbedeckungen trug. An der Vorderseite der Mütze sind die Kokarde und darüber das Hoheitsabzeichen der Marine (in gelbem Garn auf blauem Grund) aufgenäht. Der Matrose trägt einen dicken Wollpullover mit großem Kragen und darüber eine schwarze Lederjacke (in der Ausführung für Maschinenpersonal); die Jacke ist mit schwerem Wollstoff gefüttert und wird vorne mit fünf Kunststoffknöpfen geschlossen. Beide Seitentaschen und die Brusttasche verfügen über rechteckige, ungeknöpfte Patten; die Ärmelenden werden mit einer Strippe enger geknöpft.

Die Schwimmweste (kleinere Ausführung) wird durch zwei Schnallriemen geschlossen. Die Fächer sind mit Kapok gefüllt, einer wasserdichten Faserwolle, die aus dem tropischen Kapokbaum gewonnen wird. Die robuste Überhose aus gummiertem dunkelgrauen Stoff hält den Mann während der vielen Stunden der Wachestehens als Brückengast trocken und warm. Mit dem Doppelfernglas sucht er den Horizont ab; der Tragebehälter hängt an der linken Seite.

Ende April 1941, irgendwo im Atlantik. U-124, ein Boot vom Typ IX B, nützt die Dunkelheit aus, um seine Batterien wieder aufzuladen. Es schlägt einen östlichen Kurs ein, um mit hoher Fahrt seinen Heimathafen Lorient anzulaufen. Das zur 2. U-Flottille gehörende Boot unter Kapitänleutnant Wilhelm Schultz hat seit dem Auslaufen aus Lorient im Februar 1941 elf alliierte Schiffe mit insgesamt 52.397 BRT versenkt.

Links: Auf einer Ausgabe der Zeitschrift *Die Kriegsmarine,* die Truppenzeitschrift dieser Teilstreitkraft, liegen ein gewebtes Hoheitsabzeichen der Kriegsmarine, ein Druckmesser für die Dieselpumpen des U-Bootes, ein U-Boots-Kriegsabzeichen und eine an Bord geschriebene Feldpostkarte.

Atlantikschlacht 1941

um Schutz gegen die stürmische See und die
nbilden des Atlantik wurden viele unter-
chiedliche Ausführungen von Regenschutz-
ekleidung verwendet. Der dunkelblaue
toffkragen dieses »Ölzeug«-Mantels, der mit
rauer Baumwolle gefüttert ist, kann mit
ner Strippe geschlossen werden; die
er Knöpfe des Mantels sind durch eine
nopfleiste verdeckt, Ellenbogen und
chulterpartie verstärkt. Die Ärmel
erden mit Knöpfen verschlossen.
eide Seitentaschen sind mit einer
roßen Patten versehen. Auf der Rück-
eite befindet sich ein angesetzter,
it zwei Knöpfen verschließbarer
ückengurt, unten am Saum ein
nöpfbarer Schlitz. Zum Mantel
ird ein Südwester aus
em gleichen Material
etragen.

Oben: Klar zum Gefecht! Der Matrosengefreite ist bereit, die 2-cm-Einzelflak, die zusammen mit einer 3,7-cm-Flak und dem 10,5-cm-Geschütz die Bordgeschütze von U 124 darstellen, zu bemannen. Er hat die Schwimmweste über den Überzieher angelegt und den feldgrau gespritzten Stahlhelm 35/40 aufgesetzt.
Der Stern der Bootsmannslaufbahn (Laufbahnabzeichen) über dem Gefreitenwinkel ist gelb gestickt auf marineblauem Grund. Das Abzeichen der Sonderausbildung zeigt, daß der Gefreite als Unterwasserhorcher ausgebildet ist, eine wichtige Funktion auf einem U-Boot. Das maschinengestickte Abzeichen auf marineblauem Abzeichentuch, das der »Mann mit den goldenen Ohren« trägt, besteht aus einem roten Pfeil, der durch stilisierte, ebenfalls rote Wellen stößt.

Rechts: Neben dem Groschenroman *Wölfe der Meere* sind eine Ausbildungsvorschrift – hier ist der Abschnitt über Torpedos aufgeschlagen – und eine Fettpresse zu sehen. Zu beiden Seiten davon sind die Dienstgrad-, Laufbahn- und Sonderausbildungsabzeichen des Matrosengefreiten angeordnet. Die linken Abzeichen (auf weißem Grund) sind für das weiße Hemd und das Arbeitshemd bestimmt, die rechten werden zum blauen Hemd, Jacke und Überzieher getragen. Drei Erkennungsmarken der Kriegsmarine (eine davon ist durchgebrochen, d.h. der Träger ist gefallen) runden die Darstellung ab.

U-Boot-Matrosengefreiter, Lorient 1941

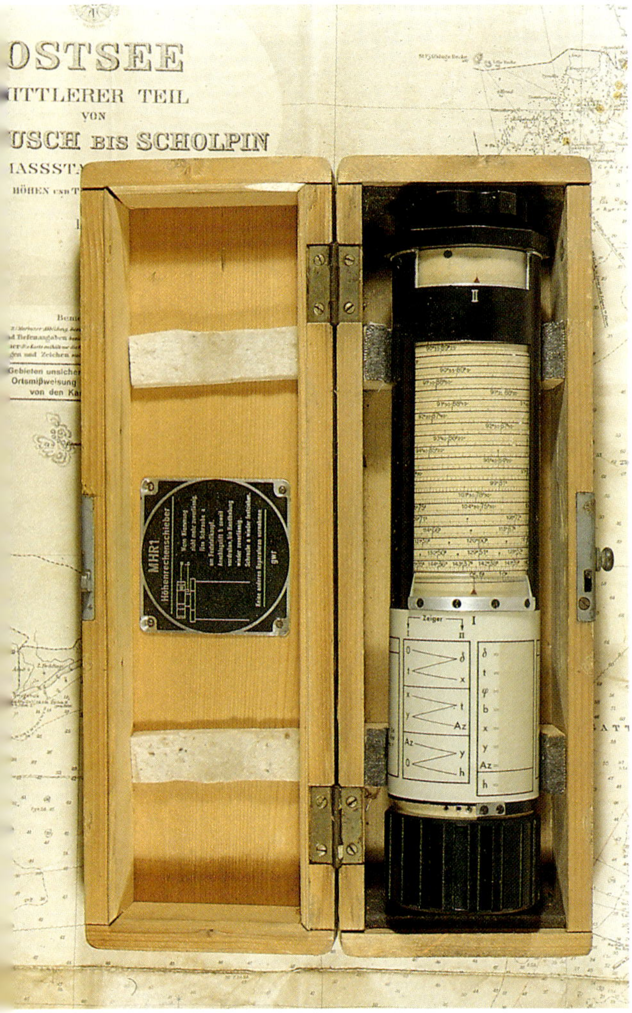

Links: Bei diesem Gerät, das auf einer Karte der Ostsee liegt, handelt es sich um einen Höhenrechenschieber in seinem hölzernen Behälter. Die Typenbezeichnung des Instruments (MRH1) mit »Bedienungsanleitung« befindet sich auf einem Metallschild im Deckel.

Rech
Kapitänleutna
der 9. U-Flottil
siehe S. 24-2
Folgende Se
Oberjäger
Gebirgstrup
siehe S. 28-2

Der Einsatz ist beendet und der Matrosengefreite – nun wieder ordentlich rasiert – kann den wohlverdienten Heimaturlaub antreten. Zu seinen Füßen steht der Seesack mit persönlicher Bekleidung und Ausrüstung. Die blaue Mannschaftsmütze trägt das Mützenband mit der Aufschrift »Kriegsmarine«, mit dem alle Einheiten zu Beginn des Krieges ihre bisherigen, namenstragenden Bänder ersetzten. An Abzeichen sind das gelbmetallene Hoheitsabzeichen und darunter die schwarz-weiß-rote Kokarde (ebenfalls die geprägte Metallausführung) zu erkennen.

Der Überzieher aus marineblauem Tuch – auch »Collani« genannt – ist mit blauem Molton gefüttert. Das hier zum Ausgehanzug getragene Kleidungsstück weist zwei Reihen mit je fünf Ankerknöpfen auf, wobei unter dem Kragen beiderseits jeweils noch ein kleinerer Knopf (nicht sichtbar) zum Schließen des Revers angebracht ist. Die beiden Seitentaschen werden von ungeknöpften Patten bedeckt; im Futter sind zwei Innentaschen eingesetzt. Das an der rechten Brust in Höhe des obersten Knopfes getragene Hoheitsabzeichen der Marine aus gelbem Garn ist auf marineblauem Grund gestickt. Auf den Kragenecken ist je eine rechteckige Patte aus dunkelblauem Abzeichentuch aufgenäht (für Mannschaften ohne weitere Litzen).

Das Ordensband des EK II ist durch das oberste Knopfloch gezogen und festgenäht, an der linken Brust prangt das U-Boots-Kriegsabzeichen. Die charakteristischen marineblauen Tuchhosen zeigen anstelle des Hosenschlitzes eine breite Klappe, die mit vier Metallknöpfen am Bund geknöpft wird. Die Hosentaschen haben eine vertikalen Eingriff; die Ausgeh-Schnürschuhe bestehen aus schwarzem Leder.

Unten : Mit dem Marine-Hypsometer (Thermo-Barometer) läßt sich der Luftdruck oder aber die Höhe des Beobachtungsortes bestimmen, die der Skala eines Spezialthermometers zu entnehmen sind. Seine Wirkungsweise beruht darauf, daß Flüssigkeiten zu sieden beginnen, wenn ihr Dampfdruck dem äußeren Luftdruck entspricht. Auf dem Bild ist das metallene Siedegefäß (man beachte den Abnahmestempel der Marine) in den abnehmbaren Deckel eingesetzt, der als Bodenplatte dient. Eines der speziellen, sogenannten Hypsothermometer ist in das Siedegefäß eingesetzt, ein weiteres liegt daneben. Die Proben mit Meerwasser werden im rechten Teil des Behälters aufbewahrt.

1942

Kapitänleutnant

Links oben: Die Bordmütze für Offiziere besteht aus marineblauem Tuch mit einem goldfarbenen Vorstoß um den oberen Rand der Klappe. Sowohl das Hoheitsabzeichen aus Goldfäden als auch die Kokarde sind maschinengestickt. Der aus Messing ausgesägte Sägefisch – das Wappen der 9. U-Flotille – ist mit zwei flachen Stiften an der linken Seite der Bordmütze angesteckt. Die mit Zunge und Schlaufe abnehmbar angebrachten Schulterstücke aus hellaluminiumfarbenen Plattschnüren haben eine marineblaue Tuchunterlage; auf ihnen sind die zwei goldfarbenen Sterne eines Kapitänleutnants angebracht. Die ebenfalls goldfarbenen Knöpfe sind mit dem unklaren Anker der Kriegsmarine verziert.

Spätsommer 1942, irgendwo in den Weiten des Nordatlantiks. Nach Erfüllung seines Auftrags kehrt ein U-Boot zu seinem Stützpunkt im besetzten Frankreich zurück. Die Männer an Bord sind ziemlich abgekämpft – ständiges Ausweichen vor englischen Geleitsicherungsfahrzeugen und deren Wasserbomben, Alarmtauchen, endlose Wachen und der ständige Wechsel zwischen Jäger und Gejagtem fordern ihren Preis. Doch in wenigen Tagen wird der »Graue Wolf« den sicheren U-Bootbunker im Hafen von Brest erreicht haben.

Unten links: Die Schirmmütze für Offiziere der Kriegsmarine besteht aus feinem marineblauen Tuch. Das goldfarbene Hoheitsabzeichen und der ebenfalls goldfarbene Eichenlaubkranz mit Kokarde sind beide handgestickt. Der Sturmriemen aus schwarzlackiertem Leder ist seitlich mit goldenen Ankerknöpfen (Größe V) angeknöpft. Der Mützenschirm aus Kunstleder ist mit einer goldfarbenen Stickerei versehen – für Leutnante bis Kapitänleutnante dieser nach innen rund gezackte, 7 mm breite Streifen. Der Dolch der Kriegsmarine – bei dieser Teilstreitkraft von allen »Portepeeträgern« geführt – hat vergoldete Griffbeschläge; der Knauf zeigt einen Wehrmachtadler. Der weiße Griff aus Kunststoff ist mit Golddraht umwickelt. Die ebenfalls vergoldete Dolchscheide ist u.a. mit floralen Motiven verziert. Man beachte das vorschriftsmäßig angebrachte Dolchportepee. An dem zweiteiligen Dolchstander aus schwarzem Moiréband sitzen Löwenkopfschnallen; die Kette mit Haken am oberen Ende des kurzen Tragestander dient zum Hochhaken des Dolches. Der Dienstwimpel für das Dienstfahrzeug des Offiziers ist durch eine Zelluloidhülle geschützt; der dunkelblaue Wimpel ist mit einem eingewebten, gelben Hoheitsabzeichen und einer ebenfalls gelben Einfassung versehen.

Wenn das Wetter es zuläßt, kann auf der Brücke diese Uniform getragen werden, das sogenannte »U-Boot-Päckchen«. Die fünf Knöpfe, mit denen die kurze graue Bluse aus Drillichstoff geschlossen wird, bestehen aus schwarzem Kunststoff. Die Brusttaschen mit Quetschfalte haben eine geknöpfte Patte. Der Bund der Bluse, bzw. dessen verlängertes, linke Bundende wird durch eine Schiebeschnalle enger gestellt. Die Ärmel enden in einem geknöpften Schlitz. Die Bluse ist ungefüttert und verfügt über keine Innentaschen.

Das geprägte, gold farbene Hoheitsa zeichen gehört e gentlich zu weißen Jacket Hier wird es z Bluse getragen, a der es mittels eine waagrechten A stecknadel auf d Rückseite über d rechten Brust sche an Zwirnöse befestigt wurd

Die weiten Hose haben zwei einf che Eingreift schen und we den ebenfalls m einer Schieb schnalle g schnallt. Der u tere Saum wi durch drei na förmige, gra Leichtmeta knöpfe um d Knöchel g schlosse

Als Fu bekleidu dienen norm le, unbesch gene Mars stie

der U-Bootwaffe

Nach der Rückkehr in den Einsatzhafen erholt sich der U-Boot-Kommandant – mittlerweile wieder glattrasiert – von seiner ereignisreichen Feindfahrt. Zu seiner Ausgehuniform gehört die Schirmmütze, das blaue Jackett (Bordjackett) aus feinem Tuch und die dazugehörigen Tuchhosen. Das zweireihig geschnittene Jackett weist zwei Knopfreihen mit je fünf goldfarbenen Ankerknöpfen auf, von denen nur die untersten vier Knöpfe geschlossen werden; das Jackett wird innen mit einem links am Futter angenähten Hornknopf gegengeknöpft. Die eingesetzten Seitentaschen werden mit rechteckigen, gefütterten Klappen abgedeckt; auf der linken Brustseite, über dem obersten Knopf, ist eine eingesetzte, oben offene Brusttasche. Die Dienstgradabzeichen des Kapitänleutnants auf den Unterarmen bestehen aus zwei Ärmelstreifen aus 1,6 cm breiten Goldtressen und dazwischen einem Zwischensatzstreifen von 0,9 cm Breite; darüber trägt er sein Laufbahnabzeichen (für Seeoffiziere ein fünfzackiger Stern, der sogenannte »Seestern«). Das Ordensband des EK II wird im obersten benutzbaren Knopfloch getragen; an der linken Seite seines Jacketts hat der Seeoffizier das EK I und das U-Boots-Kriegsabzeichen (das für mindestens zwei Fahrten gegen den Feind verliehen wurde) angesteckt. Ein weißes Oberhemd und ein schwarzer Langbinder vervollständigen die Uniform.

Der Dolch der Kriegsmarine wird an der linken Seite getragen, an dem in das Unterschnallkoppel eingehakten Dolchstander.

Die langen Hosen aus marineblauem Tuch sind unten umgeschlagen; sie werden mit Hosenträgern hochgehalten. Die beiden Seitentaschen haben einen senkrechten Eingriff, während die Gesäßtasche hinten rechts einen waagrechten, geknöpften Eingriff aufweist. Die Halbschuhe sind aus schwarzem Glattleder.

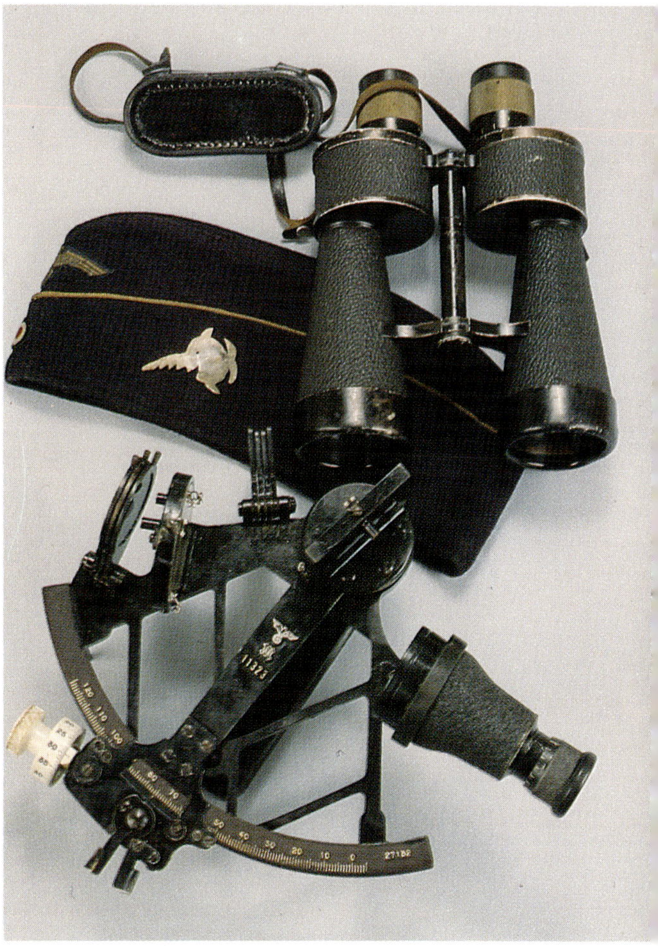

Rechts: Neben der Bordmütze sind hier die folgenden Ausrüstungsstücke zu sehen: Doppelfernrohr 7 x 50 mit schwarzlederner Einblickabdeckung sowie ein Sextant mit Abnahmestempel des Marine-Bekleidungsamtes (stilisiertes Hoheitsabzeichen und der gotische Buchstaben »M«).

Grenadier des Afrikakorps,

Dieser Oberschütze ist typisch für die bei El Alamein kämpfenden Soldaten des Afrikakorps; er gehört dem Panzergrenadier-Regiment 104 der 21. Panzerdivision an.
Diese ging aus der 5. leichten Afrika-Division (mot trop) hervor, die seit Februar 1941 in Nordafrika im Einsatz stand.

Links: Die gewöhnliche Tropen-Feldmütze besteht aus braunolivem Baumwollstoff und besitzt auf jeder Seite zwei mit Metallringen verstärkte Lüftungslöcher. Hoheitsabzeichen und Kokarde sind auf braunem Grund maschinengestickt. Die Mütze wurde durch die Wüstensonne bereits recht ausgebleicht. Der Brustschlitz des khakifarbenen Hemdes wird mit vier kleinen Knöpfen geschlossen.

Rechts: Tropen-Feldbluse mit offenem Kragen. Das Dienstgradabzeichen des Oberschützen – ein Stern – wird am linken Oberarm getragen. An der linken Brusttasche ist das Infanterie-Sturmabzeichen angesteckt; am rechten Unterarm erkennt man den Ärmelstreifen »AFRIKAKORPS«.

Normale Patronentaschen für den Karabiner aus schwarzem, genarbtem Leder.

Koppel aus steifem, grünolivfarbenem Gewebe. Normalerweise war das Koppelschloß braun lackiert.

Stielhandgranate 24.

Links: Detail der Feldbluse. Abnehmbare, in Waffenfarbe vorgestoßene Schulterklappen; bläulich-graue Einheitslitzen ohne Patten; mausgraues Hoheitsabzeichen auf khakifarbenem Grund; feldgraue Knöpfe (müßten eigentlich braun sein).

Stoffgamaschen. Schnallriemen und Kantenverstärkung sind aus Leder.

Sandfarben gespritz
Stahlhelm 3

Erbeutete britische Sta
und Sonnenschutzbri

Karabiner 9
(Kali
7,9 mm x

Ägypten 1942

ppeltragegestell aus
ebgurt. Nur die Unter-
ge am Rücken besteht
s Leder.

Standardausrüstung: Der Brotbeutel 31 aus olivfarbenem Stoff wird am Koppel mit zwei Tragschlaufen und einer Strippe mit Blechhaken befestigt. Die beiden Feldflaschen aus Aluminiumblech haben eine Isolierhülle aus holzartigem, dunkelbraunem Kunststoff. Der Knöpfriemen, der den Trinkbecher aus Bakelit hält, wird durch Stoffstege am Brotbeutel geführt, um ein Umherbaumeln der Feldflasche zu verhindern. Der kurze Spaten wird in einer Segeltuchtasche getragen, deren Schnallriemen Spatenstiel und Seitengewehrscheide hält. Das Seitengewehr 84/98 steckt in einer Webgurt-Tasche.

Rechts: Die Gasmaskentragebüchse ist ebenfalls sandfarben gespritzt. Das rote Futter der Feldmütze, das im Notfall ein Erkennen aus der Luft ermöglichen soll, ist hier gut zu sehen.

Die lange Hose aus Baumwolle wird, wie ihr feldgraues Gegenstück, mit einem durch eine Dreidornschnalle geschlossenen Webband verpaßt. Beide Seitentaschen sowie die Uhrtasche sind ohne Taschenpatten eingesetzt. Die beiden vertikalen Stoffstege an der Rückseite dienen zum Einknöpfen der Hosenträger. Unten im Saum der gerade geschnittenen Hosenbeine ist eine Zugvorrichtung zum Binden der Hosen. Die Tropen-Schnürschuhe aus khakifarbenem Gewebe mit Lederbesatz sind mit Stiefelnägeln und Absatzeisen versehen worden. Auf der Zunge der Stiefel ist der Herstellername aufgestempelt; die Schuhgröße (47!) innen auf der Brandsohle.

Oberjäger der Gebirgstruppe,

Voller Stolz hissen Angehörige der aus ausgesuchten Angehörigen der 1. und 4. Gebirgsdivision (»Edelweiß« und »Enzian«) zusammengestellten Hochgebirgskompanie am 21. August 1942 um 11 Uhr vormittags die deutsche Flagge auf dem Elbrus, dem höchsten Kaukasus-Gipfel (5633 m). Zu ihnen gehören auch Soldaten des Gebirgsjäger-Regiments 98 der 1. Gebirgsdivision. Insgesamt waren es 19 Jäger unter den Hauptleuten Groth und Gämmerler, die bei widriger Witterung diese alpinistische Leistung vollbrachten.

Die von den Gebirgstruppen als Feldmütze getragene Bergmütze ist aus Feldblusentuch gefertigt. Sie hat einen kleineren Schirm als die 1943 eingeführte Einheitsfeldmütze. Der doppelt gelegte Umschlag (Baschlik) wird durch zwei kleine (hier unvorschriftsmäßig goldbraun lackierte) Knöpfe geschlossen. Hoheitsabzeichen und Kokarde sind in einem Stück gewebt, auf T-förmigem bläulich-dunkelgrünem Grund. Das Edelweiß-Abzeichen der Gebirgstruppen wird an der linken Klappenseite getragen. Auf beiden Seiten befindet sich je eine feldgraue Metallöse als Lüftungsloch.

Die Trageriemen des Rucksacks 31 verlaufen unter den Schulterklappen; ihre Enden sind vorne in die Metallringe der Magazintaschen für die MP 40 eingehakt. Oberhalb des Koppels verläuft der schwarzlederne Hüftriemen, der den Rucksack im Gebirge vor dem Verrutschen sichert.

Dieser Oberjäger (Unteroffizier) d
Regiments 98 ist bereit für den E
satz im Hochgebirge. Er trägt ei
Windjacke über seiner Feldblu
und um die Bergmütze ei
Schneeschutzbrille n
getönten Gläse

Rechts: Am rechten Ob
arm ist das Ärmelabz
chen der Gebirgstrupp
zu erkennen, das Infan
rie-Sturmabzeichen an d
linken Brusttasche. D
Ordensspange zeigt d
EK II, das Kriegsverdien
kreuz (KVK) 2. Klasse r
Schwertern sowie die O
medai

Unten links: Bergrock eines Oberfeldwebels des Gebirgsjäger-Regiments 98 (Waffenfarbe der Gebirgsjäger: hellgrün). Der hochgeklappte Kragen kann durch den Riegel und die drei Hornknöpfe zusammengehalten werden. Die beiden auf dem Wollschal liegenden Schulterklappen für Mannschaftsdienstgrade gehören zu einem Panzerjäger (rosa), bzw. Aufklärer (goldgelb). Auf dem Schal liegen außerdem drei unterschiedliche Ausführungen des Ärmelabzeichens der Gebirgstruppen; es zeigt ein Edelweiß mit Stiel und Blättern und einem gelben Blütenstand, das von einem grauen, verschlungenen Bergseil umgeben ist, welches oben durch einen Berghaken gezogen und unten geknotet ist. Dieses Abzeichen wurde zusammen mit dem Mützenabzeichen aus Metall im Mai 1939 eingeführt und läßt sich auf das Deutsche Alpenkorps des Ersten Weltkriegs zurückführen.

Um
Hosenb
sind
auch
»Knöc
wetzs
fen«
zeichne
Gelenk
den
wickelt,
an
Schnürk
des Schu
eingehakt
den. Die
Stahl und
gefertigte Eis
die an einer Le
schlaufe
Handgelenk g
gen wird, dien
Steighilfe im
b

Kaukasus 1942

r Oberjäger trägt eine
etwa 1942 übliche
dbluse; sie hat jetzt
en feldgrauen Kra-
n mit Einheitslitze
ne waffenfarbenen
zenspiegel) und
d mit sechs statt
her mit fünf Knöp-
geschlossen. Das
heitsabzeichen ist
usgrau auf feld-
uem Grund.

Erkennungsmarke eines Angehörigen der 13. Kompanie des Gebirgsjäger-Regiments 98, der Mann wurde unter der Nummer 297 in der Stammrolle seiner Einheit erfaßt.

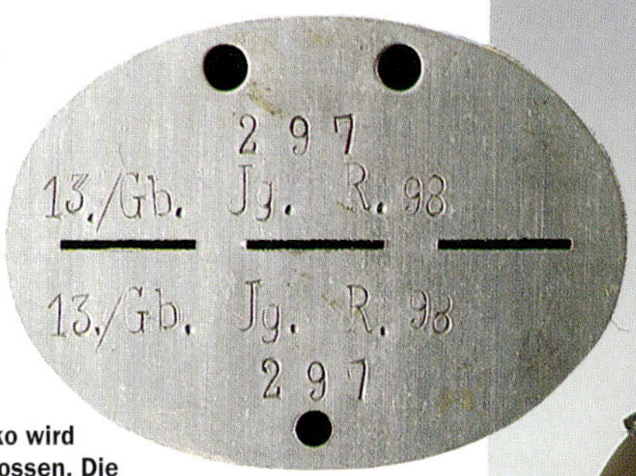

Die ungefütterte Windjacke aus olivgrünem Kaliko wird durch fünf Knöpfe geschlossen. Die Ärmel lassen sich durch knöpfbare Strippen verstellen; der Kragen kann durch eine ähnliche Vorrichtung hochgehalten werden. Die vier Taschen weisen knöpfbare Taschenpatten auf. Hinten an der Windjacke befindet sich ein angesetzter Gürtel, der mit zwei Knöpfen verstellt werden kann. Eine entlang der Rückseite verlaufende Falte verleiht größere Beweglichkeit. Sämtliche Knöpfe, mit Ausnahme der für die Schulterklappen, sind aus Horn.

Die Regenklappe, die beiden Seitentaschen und die Vorderwandtasche des Rucksacks 31 sind mit naturfarbenem Leder eingefaßt. Unter dem Rucksack am Koppel hängen Brotbeutel, Kochgeschirr und Feldflasche. Links der Stahlhelm des »Jagers«.

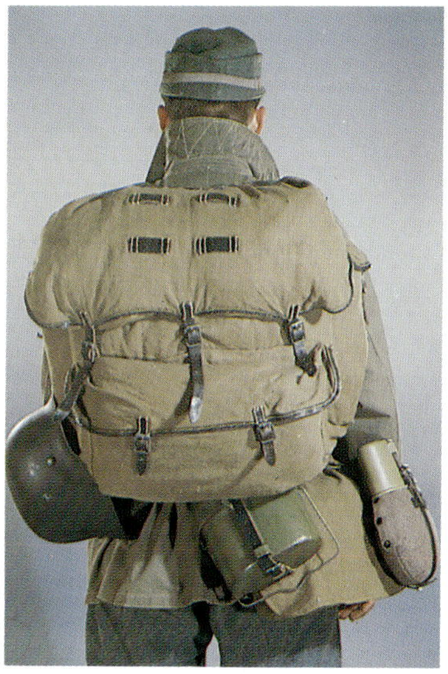

Die Berghose (oder Keilhose) verjüngt sich nach unten hin; am Beinabschluß findet sich ein umlaufender Lederriemen zum Zubinden. Die Hosen haben einen imprägnierten Besatz; beide Seitentaschen, die Uhr- und die Gesäßtasche hinten rechts sind mit knöpfbaren Taschenpatten versehen. Die Berghose wird mit Hosenträgern getragen; zum Engerstellen der Hose ist beiderseits eine Schnallvorrichtung angebracht. Die Knöpfe sind teils aus Horn, teils aus Leichtmetall. Die elastischen Gelenkbinden werden mit einer beweglichen Schiebeschnalle und einem Haken, der an den Stiefeln eingehakt wird, befestigt.

Die Bergstiefel haben lederne Schnürsenkel und je sieben metallverstärkte Schnürlöcher. Am oberen Rand der Stiefel ist ein feldgrauer Tuchstreifen angenäht. Absätze und Sohlen der Stiefel sind mit Metall-Schraubstollen und sogenannten Jägerstiften benagelt.

Posten in Winterbekleidung,

Links: Winter 1941/42. Der Stahlhelm 35 ist feldgrau gestrichen; das schildförmige Abzeichen auf der linken Seite zeigt einen silberfarbenen »Wehrmachtadler« auf schwarzem Grund. Die aus dickem weißen Stoff gefertigte Kapuze ist über die Schultern zurückgelegt. Die feldgrauen Schulterklappen sind rosa vorgestoßen, wie es sich für die Angehörigen des Stabes eines Panzertruppenteils gehört.

Der Kommandeur des Verbandes hatte den Befehl zum Halten gegeben. Die aus Panzern und Schützenpanzerwagen bestehende Kolonne kam am Rande eines verschneiten Waldstücks zum Stehen; Panzer und SPWs bildeten einen Sicherungsschleier für die ungepanzerten Fahrzeuge und LKWs des Verbandes. Völlig erschöpft versuchen die Männer auf dem gefrorenen Boden etwas Ruhe zu finden. Während der Rast wachen jene Soldaten über den Schlaf ihrer Kameraden, deren Mut und Hingabe häufig vergessen werden: die Posten.

Der schlauchartige, elastische Kopfschütz
bedeckt das Gesicht bis hin zur Nasenspi
und den Ha

Der Schütze, der hier vor dem Gefechtsstand d
Kommandeurs der Kampfgruppe Wache schiebt, h
ein späteres Modell des Übermantels über die U
form und seinen normalen Mantel gezogen. Dies
als Wachmantel verwendete Kleidungsstück ist a
feldgrauem, wasserabweisend imprägnierten Tu
gefertigt; außer an den Ärmeln ist der Überman
durchgehend mit weißem Schaffell gefüttert.
reicht bis kurz über die Knöchel und weist zwei R
hen von je sechs gekörnten feldgrauen Knöpfen a
Der Mantel verfügt über zwei schräge Mufftasch
in Brusthöhe und darunter zwei horizontale Tasch
mit Taschenpatten. Auf der Rückseite sitzt ein r
zwei Knöpfen versehener angesetzter Gürtel.
Schlitz, der durch eine mit vier kleinen Ho
knöpfen versehene Knopfleiste geschl
sen werden kann, zieht sich vom M
telsaum bis kurz unter den Rück
gurt. Die eingenähte weiße Stoff
puze ist über den Stahlhelm ge
gen. Der Kragen des Übermant
ist hochgeschlagen, um das
sicht des Postens zu schütz
er wird durch einen Stoffrie
zusammengehalt

Zum besseren Schutz gegen
Kälte trägt der Posten dic
Filzschuhe über seinen h
kömmlichen schwarzledern
Marschstiefeln. Der Sol
hat feldgraue, aus Man
tuch gearbeitete und
Wolle gefütterte Tuchha
schuhe über seine gestri
ten Fingerhandschuhe
zog

An den Faustha
schuhen ist je e
kurze Lederstrippe
genäht (mit Knopflo
bzw. Lederknebel),
denen sich die Ha
schuhe verbinden lass

Ganz links, unten: Die Soh
und Absätze der Überschuhe s
3 bzw. 4 cm dick und bestel
aus schwarzlackiertem Holz.
Filzschaft ist 1 cm dick und
schwarzem Leder eingefaßt.
beiden braunen Schnallrien
werden mit schwarzen R
schnallen geschlossen. Die
hen Filzstiefel des rechts
zeigten Soldaten sind auf
um den Fußteil und das un
Drittel mit Leder besetzt; o
am Schaft findet sich ein
zer, geschnallter Schlitz.
Ledersohlen werden du
Holzstifte gehalten; die le
nen Verstärkungsstücke
den dicken Sohlen sind
Stahlstiften befest

Ostfront 1942

Schneeschutzbrille hat
en Leichtmetallrahmen
dunkel gefärbten Glä-
n.

Winter 1942/43. Dieser Posten hat einen weißen Tarnüberzug über seinen Helm gezogen; er besteht aus fünf Segmenten und wird mit einem Schnurzug unter dem Helmrand gehalten.

Der Schnitt des Übermantels ist mit dem der vorhergehenden Seite identisch. Dieses Stück hat ein dickes graues Wollfutter (mit Ausnahme der weit geschnittenen Ärmel).

Der Schütze trägt über seinem Übermantel ein weißes Schneehemd mit Kapuze, das wohl von der Truppe selber angefertigt wurde. Das Kleidungsstück wird durch drei weiße Kunststoffknöpfe verschlossen. Der Durchgriff zu den Manteltaschen wird durch zwei schräge Eingriffe ermöglicht. Die Kapuze ist groß genug, um über den Helm gezogen zu werden.

Über dem Schneehemd wird das gewöhnliche Koppel getragen.

Der Posten ist mit einer sowjetischen Maschinenpistole PPSh 41 (Kaliber 7,62 mm x 25) bewaffnet, die deutsche Truppen in großer Zahl erbeuteten. Das Trommelmagazin faßt 71 Patronen.

Innenansicht des Übermantels von S. 30. Links innen im Futter ist der Eingriff der eingenähten Innentasche sichtbar. Die große weiße Kapuze, die im Unterkragen festgenäht ist, ist gut zu erkennen; in Tragung bedeckt sie den Helm.

Auf dem weißen Schneehemd liegen ein gestrickter Fingerhandschuh (große Ausführung, wie die drei weißen Ringe um den Pulswärmer verraten), ein feldgrauer Tuchhandschuh (mit grauer Wolle gefüttert) und ein grauer Fausthandschuh aus Filz. Die Knöpfe des Tarnhemdes und die Eingriffe zu den Manteltaschen sind gut zu sehen.

Essenträger an der Ostfront,

Der grün gestrichene Essenbehälter aus Aluminium, auf dessen Oberseite ein runder Schraubverschluß sitzt, ist mit zwei waagrecht und einem senkrecht verlaufenden Halteriemen aus sandfarbenem Webgurt an einem schwarzlackierten Tragegestell festgezurrt. Die Trageriemen des Gestells sind ebenfalls aus Webmaterial; ein breiter Hüftriemen und ein um die Brust gelegter Riemen halten die schwere Last dicht am Körper.

Die aus Feldblusent
gefertigte Feldmütze
ist mit grauem Baumw
satin gefüttert. Der d
pelt gelegte Umschlag,
durch zwei kleine Knö
geschlossen wird, läßt s
zum besseren Kältesch
über das Gesicht herun
klappen. Hoheitsabzeich
und Kokarde sind an ein
Stück gewebt und an
Stirnseite aufgenä
Auf beiden Sei
der Mütze befin
sich eine graue
tallöse als Lüftun
loch. Der Schal
steht aus gra
Wo

Der Mantel aus feldgrauem Tuch hat ein Futter aus feldgrauem Köper; die Knöpfe entsprechen jenen der Feldbluse: Vorne auf beiden Brustseiten je sechs Knöpfe, auf dem Rückengurt zwei und je ein Knopf für die Schulterklappen, die hier in der weißen Waffenfarbe der Infanterie vorgestoßen sind. Der Kragen wird mit einem Haken und einer Öse verschlossen. Die schrägen Tascheneingriffe sind durch eine Patte abgedeckt. Die Ärmel haben Umschläge. Die gestrickten Fingerhandschuhe bestehen aus grauem Kammgarn. Die beiden am Koppel aufgeschlauften, dreiteiligen schwarzledernen Patronentaschen fassen je 45 Patronen des Kalibers 7,9 mm x 57 für den K 98k, bei mot-Truppen und Panzerartillerie je 30 Stück.

Der Schütze trägt einen Suppenlöffel und vier olivgrün gestrichene Kochgeschirre 31 in den Händen; die unterschiedlichen Farbtöne der Kochgeschirre aus Stahlblech sind gut erkennbar.

Über das Gefechtsfeld bricht die Nacht herein. Die Front kommt zur Ruhe. Bald schon kriechen schemenhafte Gestalten von hinten nach vorne zu den Sturmgruppen, die sich eingegraben haben. In der diesigen Landschaft, die nur von den Wracks brennender Panzer etwas beleuchtet wird, bringen Essenträger die heißersehnte warme Verpflegung. Die Feldbäckereien und -schlachtereien hinter der Front haben derweil eine lange Nacht an ihren dampfenden Kesseln und Öfen vor sich.

1 Aluminiumkanne (für verschiedene Getränke).
2 Salzbehälter aus Bakelit mit Schiebedeckel.
3 Kaffeebehälter aus Aluminium mit Tragegriff.
4 Pfefferbehälter aus Aluminium; der Schraubverschluß ist mit einer Kette gesichert.

die Tarnwirkung zu erhöhen, wur-
ßand auf den noch feuchten sand-
enen Anstrich des Stahlhelms auf-
racht.

Die wendbare, wattegefütterte (außer der Kapuze) Winterjacke aus dickem Baumwollstoff wird hier mit der grauen Seite nach außen getragen. Sechs gekörnte, feldgrau lackierte Metallknöpfe verlaufen entlang der Vorderfront; die Windschutzleisten werden innen gegengeknöpft und bilden so einen dichten Verschluß. Die Jacke ist innen ebenso gearbeitet wie auf der Außenseite, mit Taschen, Knopfleisten, Patten usw. Um den Rand der Kapuze, in der Gürtellinie und am Unterrand der Jacke sind Durchzüge zum Verengen der Jacke. Die Ärmel lassen sich mittels einer knöpfbaren Lasche engerstellen.

se Ausführung
es Essen-
älters, den
Soldat in der
nten Hand
gt, kann mit
Tragegriff
Deckels
nsportiert wer-
. Die ganz
s um den
s des Schüt-
hängende
dflasche hat
en Trinkbe-
r aus
warzem Bake-

feldgrauen Hosen
cken in Filzstiefeln (hier
e Variante aus schwarz-
Filz), die Schutz gegen
extreme Kälte bieten.
Sohlen dieser Stiefel
d benagelt und am Ab-
z mit Eisen versehen.

1 Esbit-Kocher. Die Schachtel mit den Brennstofftabletten für dieses einfache, zusammenklappbare Kochgerät aus Stahlblech wird durch die Seitenteile des Kochers geschützt.
2 Sturmstreichhölzer mit Zierhülle.
3 Löffel-Gabel-Kombination; diese alte Form des Eßbestecks war schon im Ersten Weltkrieg gebräuchlich.
4 Eßbestecke aus Aluminium (in Einzelteilen und zusammengesteckt); das Ende der Hülse umfaßt Dosen- und Flaschenöffner.
5 Glasflasche für Spirituosen in hölzernem Transportbehälter (mit schwenkbarem Deckel) für die Beförderung durch die Feldpost.

6 Dosenschokolade.
7 Dauerbrot in Papierhülle.
8-11 Papiertüten mit unterschiedlichen Gewürzen.

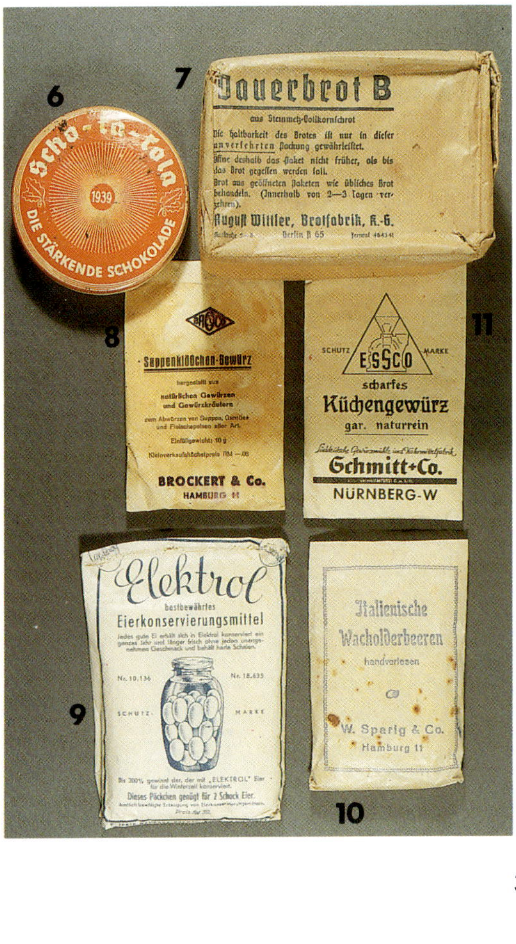

1943

Feldgendarm im Streifendienst

Der Oberfeldwebel der Feldgendarmerie prüft hier die Ausweispapiere eines Landsers. Sein Stahlhelm 35 trägt das Hoheitsabzeichen auf der linken Seite, allerdings ohne den schwarzen Schildgrund.

Links: Auf der Feldbluse liegt der charakteristische Feldgendarmerie-Ringkragen aus mattaluminiumfarbenem Leichtmetall, von dem sich auch der Spitzname »Kettenhunde« für die Angehörigen dieser Waffengattung ableitet. Die Kette des Ringkragens besteht aus 42 Drahtgliedern, die mit Blechhülsen beweglich verbunden sind. Das Hoheitsabzeichen, die beiden gekörnten Knöpfe in den Ecken und die auf dem dunkelgrauem Schriftband befindliche Aufschrift »Feldgendarmerie« sind mit einer gelblich-grünen Leuchtfarbe lackiert; diese vier Bestandteile sind aufgelegt und auf der Rückseite mit Stiften verankert.

Ausweispapiere.

An der Feldbluse 1943 erkennt man die beiden Stoffabzeichen der Feldgendarmerie: das Ärmel-Hoheitsabzeichen der Polizei und den Ärmelstreifen. Der Portepee-Unteroffizier trägt das Ordensband der Ostmedaille im zweiten Knopfloch und das Deutsche Sportabzeichen an der linken Brusttasche. Die Pistolentasche für seine Dienstpistole P38 befindet sich nicht vorschriftsmäßig an der linken Hüfte, sondern wird hier bequemer weiter hinten getragen.

Feldgrau
Rundbur
43.

Die ursprünglich aus einberufenen Angehörigen der Ordnungspolizei aufgestellte Feldgendarmerie gehörte zu den Ordnungstruppen und hatte den Auftrag, die vielfältigen Ordnungsaufgaben innerhalb der Wehrmacht zu erfüllen. Dazu gehörten insbesondere der Einsatz im Verkehrsdienst, das Überwachen des disziplinierten Verhaltens der Wehrmachtangehörigen, das Einrichten von Gefangenensammelstellen, Entwaffnung und Beaufsichtigung der Zivilbevölkerung in den besetzten Gebieten, Erkundung und Meldung verwertbaren Feindmaterials und allgemeine ordnungspolizeiliche Aufgaben.

Unten: Am linken Unterarm prangt ein gewebter Ärmelstreifen aus hellbrauner Baumwolle mit der gotischen Aufschrift »Feldgendarmerie«; Schrift und Randstreifen sind aus hellgrauem Garn. Die anknöpfbaren Schulterklappen aus bläulich-dunkelgrünem Abzeichentuch sind in der orangeroten Waffenfarbe vorgestoßen. Auf der Rückseite des Ringkragens sind zwei längliche Blechhaken angebracht: der linke dient dem Einhaken der Kette, während der andere – normalerweise – durch das zweite Knopfloch der Feldbluse gesteckt wird. Die Rückseite ist mit feldgrauem Tuch gefüttert, damit der Stoff der Uniform nicht abgewetzt wird.

trägt der Oberfeldwe-
en Schutzmantel für
radfahrer (»Kradman-
Feldgendarmen pa-
lierten häufig mit
agenkrädern, vor al-
m Rahmen von Ver-
sregelungsaufgaben
ontbereich.

Oben: Ärmel-Hoheitsabzeichen der Polizei; das maschinengestickte Abzeichen in der Waffenfarbe ist auf feldgrauem Grundtuch aufgebracht. Das Hakenkreuz ist stets schwarz.

Links: Die Magazintasche für die MP40 und die (Melde-) Kartentasche sind vorschriftsmäßig rechts, bzw. links auf dem Koppel aufgeschlauft. Die Gasmaskenbüchse, um die die Gasplane mit Riemen befestigt ist (was streng verboten war), wird von Kradfahrern und Begleitern auf dem Rücksitz oder im Beiwagen stets vor der Brust getragen. Unteroffiziere und Offiziere mußten die grauen Wildlederhandschuhe zu allen Anzugsarten tragen.

Oben rechts und rechts: Kradmantel und »Kradbrille« wurden nur an Kraftradfahrer und Kradschützen ausgegeben. Der Oberkragen des gummierten Mantels ist aus Feldblusentuch gefertigt, während der Unterkragen ebenfalls aus gummiertem Stoff besteht. Mit Hilfe eines Gummiriegels kann der Kragen hochgestellt werden. Die beiden Seitentaschen haben schräge Eingriffe mit knöpfbaren Taschenpatten; auf der rechten Brust befindet sich eine vertikale Tasche ohne Patte. Der linke Vorderteil des Mantels wird mittels einer Lasche außen rechts festgeknöpft. Die hinten geschlitzten Ärmel sind mit Knopfloch und zwei Knöpfen zu schließen bzw. zu verengen. Am Rücken ist ein unten offener Besatz mit Mittelfalte angebracht. Die unteren Mantelteile können hosenartig um die Beine gelegt und festgeknöpft werden, was beim Motoradfahren äußerst praktisch ist.

Marschstiefel mit gekürztem Schaft (lt. Vfg. vom November 1939).

Hauptwachtmeister der Ordnungspolize

Anfang 1943 sollten Teile der Altstadt der französischen Hafenstadt Marseille zerstört werden. Zur Durchführung der dabei notwendigen polizeilichen Maßnahmen wurde in Südfrankreich aus Teileinheiten anderer Polizeiverbände ein provisorisches Polizeiregiment – das nach seinem Kommandeur Griese benannt wurde – zusammengestellt. Der Verband durchsuchte zunächst die Stadt und ließ anschließend alle Einwohner evakuieren.

Links: Die Hausmütze für Wachtmeister ist aus grünmeliertem Grundtuch gefertigt und hat an den Seiten eine grau lackierte Metallöse zur Entlüftung. Die Mütze ist an der Vorder- und um die Deckelnaht in der hellgrünen Abzeichenfarbe der Schutzpolizei vorgestoßen. Das Hoheitsabzeichen an der Mütze ist in weißem Garn auf schwarzem Grund maschinengestickt. Der dunkelbraune Kragen des Waffenrocks hat ebenfalls einen hellgrünen Vorstoß; die Kragenspiegel sind aus Abzeichentuch und haben eine Einfassung aus Aluminiumschnur und Doppellitzen aus mattweißem Aluminium. Die Schulterstücke haben eine hellgrüne Unterlage: sie bestehen aus vier nebeneinanderliegenden Plattschnüren (die beiden äußeren aus Aluminium mit Durchzügen in der Farbe des Besatztuches dunkelbraun; die beiden inneren aus Wolle in der Farbe des Besatztuches) und werden an der Achselnaht durch eine Aluminiumplattschnur mit Durchzügen geschlossen; der Dienstgrad des Hauptwachtmeisters wird durch zwei Sterne angezeigt. Das am linken Oberarm getragene Polizei-Hoheitsabzeichen in der Abzeichenfarbe ist auf einem ovalen Untergrund aufgestickt (auch hier ist das Hakenkreuz schwarz; *vgl. vorherige Seite*).

Der Waffenrock des Beamten ist a grünmeliertem Tuch; am Kragen wi er mit Haken und Ösen geschloss und entlang der Vorderfront dur acht Knöpfe aus Aluminium. D linke Vorderteil des Rockes i vom Kragenansatz bis unten in d hellgrünen Abzeichenfarbe vorg stoßen. Brust- und Seitentasch haben geschweifte Taschenpa ten. Die festen Ärmelaufschlä bestehen aus demselben dunk braunen Besatztuch wie der K gen auch und weisen an der o nen Stelle zwei Knöpfe auf, denen an den Taschen und Vorderfront entsprechen (nur für die Schulterstücke verw deten Knöpfe sind etw kleine

An der link Brusttasche trä der »Schupo« d Reichssportab chen des D (Deutsc Reichsbund Leibesübunge

Die Pistolentasche für die P 08 hängt an der rechten Seite. Der über die rechte Schulter getragene Schulterriemen wird vorne und hinten in Aufschiebeschlaufen eingehakt; er ist mit einer rechteckigen Schnalle mit Rollsteg versehen, die zum Verstellen der Länge dient.

Die Stiefelho sind etwas g er als der Ro sie werden zu hen, schwa dernen Stie getra

Auf der linken Seite des Stahlhelms M 16 (österreichisches Modell des 1. Weltkrieges) ist ein Abziehbild mit dem Hoheitsabzeichen der Polizei auf schwarzem Schild angebracht. Das gekörnte Koppelschloß aus weißem Metall zeigt im Mittelteil ein eingeprägtes Hakenkreuz, im oberen Teil des Außenkreises die Inschrift »GOTT MIT UNS« und darunter Eichenblätter. Daß es sich bei der »Koffertasche« für die Pistole 08 um ein Polizeimodell handelt, verrät der nach oben zeigende Knöpfriemen auf dem Deckel. Das Seitengewehr 98/05 wurde als Dienstseitenwaffe getragen.

Marseille 1943

er Hauptwachtmei-
er ist mit einem Ka-
biner 98a bewaff-
et; der Gewehrrie-
en besteht aus
raunem Leder.

Rechts: Der graugrün lackierte Stahlhelm zeigt rechts das Abzeichen mit dem nationalen Wappenschild – schwarz umrandeter, roter Schild mit schwarzem Hakenkreuz auf rundem, weißem Feld. Der zweireihig gearbeitete Mantel aus dickem, grünmeliertem Tuch wird mit je sechs gekörnten Aluminiumknöpfen geschlossen und ist mit dunkelgrauem Stoff gefüttert. Der Kragen aus dunkelbraunem Besatztuch ist in Hellgrün vorgestoßen und wird mittels Haken-Ösen-Verschluß geschlossen. Der Mantel verfügt über zwei schräg eingesetzte Taschen mit Patten und Rollaufschläge aus Manteltuch. Die abnehmbaren Schulterstücke sind mit kleineren Knöpfen befestigt. Bei den Handschuhen handelt es sich um die aus grauer Wolle gestrickten Fingerhandschuhe.

Auf das mit dem Polizei-Kastenschloß geschlossene Koppel sind zwei aus genarbtem Leder gefertigte Patronentaschen aufgeschlauft. Die beiden über der Brust gekreuzten Riemen dienen zum Tragen der Gasmaskenbüchse, bzw. des Brotbeutels.

Rechts: An der linken Hüfte wird ein Seitengewehr 98/05 in seiner schwarzledernen Seitengewehrtasche geführt. Die hier getragene Tragebüchse für die Gasmaske entspricht dem an paramilitärische Organisationen (z.B. Luftschutz) ausgegebenen Modell und wurde von der Firma Auer gefertigt. An dem Polizei-Brotbeutel sind die Feldflasche und das Kochgeschirr des Beamten eingehakt. Unter dem Koppel ist der angesetzte Gürtel mit seinen beiden Aluminiumknöpfen zu erkennen.

A m Abend des 9. März 1943 gab Paul »Papa« Hausser, Kommandierender General des II. SS-Panzerkorps, seinen Plan zur Rückeroberung von Charkow bekannt, das er einige Wochen zuvor – entgegen eines Führerbefehls – hatte räumen lassen. Die Division »Totenkopf« erhielt den Auftrag, die Stadt zu umgehen und den nördlichen Sektor zu halten, während die »Leibstandarte« vom Westen her angreifen sollte. Die 2. SS-Panzergrenadier-Division »Das Reich«, zu der auch das Regiment »Deutschland« gehörte, erhielt den Auftrag, von Osten her vorzustoßen und den Hauptbahnhof einzunehmen. Am 12. März wurde der Bahnhof nach erbitterten Kämpfen genommen. Am 14. März fiel Charkow.

Zugführer des Regiments »Deutschlan

Das Schiffchen, das in seiner Form leicht vom Heeresmodell abweicht, ist aus Feldblusentuch gefertigt. Totenkopf- und Hoheitsabzeichen an der Stirnseite sind in mattgrauer Kunstseide auf schwarzem Grund gewebt. Über einem dunkelgrauen Trikothemd wird die Feldbluse 42 getragen, die mit fünf Knöpfen verschlossen wird und deren vier aufgesetzte Taschen zwar keine Quetschfalten mehr aufweisen, dafür aber weiterhin über geschweifte Taschenpatten verfügen. Der Kragen kann mittels Haken und Öse geschlossen werden (dieses Feldblusenmodell der Waffen-SS unterscheidet sich damit nur unwesentlich von dem 1943er Modell der Wehrmacht). Die Farbe der ursprünglich feldgrau lackierten Knöpfe hat sich so abgerieben, daß diese nun mattgrau erscheinen. Auf den abnehmbaren Schulterklappen des Hauptscharführers (Oberfeldwebel) – bei der Waffen-SS stets aus schwarzem Tuch gefertigt – sind die beiden Sterne seines Dienstgrades und das Truppenkennzeichen des Regiments »Deutschland«, ein lateinisches »D«, befestigt; um die Schulterklappen und den Kragen ist die aluminiumfarbene Unteroffiziertresse angebracht. Auf dem rechten Kragenspiegel sind die SS-Runen in mattgrauem Garn aufgestickt, während der linke Kragenspiegel den Dienstgrad zeigt: zwei Sterne aus Weißmetall und eine Aluminiumlitze mit schwarzem Mittelstreifen. Das maschinengestickte Hoheitsabzeichen am linken Oberarm ist silbergrau auf schwarzem Grund (beachte die Unterschiede zum Hoheitsabzeichen der Wehrmacht).

An der linken Brusttasche si
das EK I und das Infanter
Sturmabzeichen mittels Zwir
sen angesteckt. Die Ordensbä
der von zwei weiteren Auszei
nungen (EK II und Ostmedail
sind durch das zweite Knopflo
der Bluse gezogen. In der re
ten Brusttasche des Unterführe
steckt seine Signalpfeife an
nem geflochtenem Riemen,
ebenfalls am zweiten Knopf be
stigt i

Das schwarzlederne K
pel zeigt das Stand
Koppelschloß. Di
mattsilberne Ausführ
(die eigentlich feldg
lackiert sein müßte)
für Mannschaften und
teroffiziere gedacht
trägt den Wahlspruch
SS – »Meine Ehre h
Treue« (statt des bei
Wehrmacht verwende
»GOTT MIT UNS«). An
linken Hüfte wird das
ste Modell der Pistole
sche für die P38 ge

Das Soldbuch, das im Dienst in einer der beiden Brusttaschen getragen wurde, zeigt starke Gebrauchsspuren. Innen auf der Umschlagseite ist ein Foto des Trägers (in Uniform) mit zwei Heftklammern befestigt. Rings um den Unterarm ist der Ärmelstreifen aus schwarzem Stoff angenäht (14,5 cm über dem Ärmelrand); der Name des Regiments ist in silbergrauem Garn maschinengestickt, während die Randstreifen aus Aluminiumgespinst bestehen.

Charkow 1943

r Stahlhelm 42 hat einen
ißen Tarnanstrich erhalten.
r zweiteilige, schwarzlederne
nriemen, läßt sich für Links-
nder auch anders herum an der
enausstattung befestigen, so
ß die Schnalle an der rechten
sichtsseite zu liegen kommt.
gen die Kälte trägt der Haupt-
arführer einen Schal aus fei-
r grauer Wolle zu dem ge-
terten feldgrauen
zanorak.

n Koppel hängt
ne Kartentasche
s braunem Leder
d Magazinta-
hen aus Segel-
ch für die Maschi-
npistole 40. Das
ppelfernrohr DF
30 ist schwarz
ckiert und hängt
einem schwarz-
dernen Tragerie-
en um den Hals.
e Hände werden
rch gestrickte
ngerhandschuhe
s grauer Wolle
schützt.

Acht grau lackierte Knöpfe verschließen den Pelzanorak (letztes Modell), sie werden innen mit einer Windschutzleiste gegengeknöpft. Geschweifte Taschenpatten schließen die beiden aufgesetzten Brusttaschen, wie auch die großen, mit Wolle und Schaffell gefütterten Seitentaschen. Der Anorak selbst ist mit braunem Schaffell gefüttert, die Ärmel mit Reißwolle. Ein Stoffbund mit Gummizug im Saum dichtet das Kleidungsstück an den Ärmeln ab; in der Gürtellinie ist ein nicht verstellbarer Gummizug eingenäht.

Die wendbaren Hosen des Wintertarnanzuges (hier mit der weißen Seite nach außen getragen) sind mit Reißwolle gefüttert und um die Beine mit einem Zugband verschließbar; der Kniebereich ist verstärkt. Die Stiefel haben einen bräunlichen Filzschaft mit glatten schwarzledernen Fußteilen und Sohlen.

Die Kapuze ist mit Kaninchenfell gefüttert und um den Rand herum mit einem Zugband versehen. Sie ist weit genug geschnitten, um auch über dem Stahlhelm getragen werden zu können.

Polizeibataillon,

Links: Der junge Beamte steht vor einem Plakat, das auf den »Tag der deutschen Polizei 1941« hinweist, eine Wohltätigkeitsveranstaltung zugunsten des Winterhilfswerks (WHW).

Rechts: Der Beamte trägt einen graugrün gestrichenen Stahlhelm 35 mit den beiden Abzeichen der Polizei: links das nationale Wappenschild und rechts ein silbernes Polizei-Hoheitsabzeichen auf schwarzem Schild. Sein Waffenrock ist aus feinem »polizeigrünem« Grundtuch gefertigt und entspricht dem auf *Seite 39* gezeigten Uniformstück, so daß hier nicht weiter darauf eingegangen werden muß.

An der linken Brusttasche steckt das SA-Sportabzeichen in Bronze.

Die Schulterstücke des Wacht
sters sind in der Armloch
festgenäht; auch sie beste
aus vier nebeneinanderlieger
Plattschnüren auf einer Tuc
terlage in der hellgrünen A
chenfarbe; im Unterschie
denen des Hauptwacht
sters sind hier jedoch die
den äußeren Plattschnüre
dunkelbrauner Wolle und habe
uminiumfarbene Durchzüge.
Polizei-Hoheitsabzeicher
linken Oberarm i
der Abzeiche
be der Sc
polize
stickt
auch Se
36/37
38/

Als die Wehrmacht 1941 die Sowjetunion überrollte, wurden unzählige sowjetischer Soldaten von ihren Einheiten abgeschnitten und hinter die deutschen Linien verschlagen. Bald schlossen sich Partisanen diesen regulären Soldaten an; bereits im Winter 1941/42 kam es zur Bildung größerer Partisanen-Abteilungen von oft 1000 Mann und mehr, die häufig sogar schon als Brigaden bezeichnet wurden. Diese unterstanden dem Zentralen Partisanenstab in Moskau. Sie führten im Rücken der deutschen Truppen Anschläge durch, unterbrachen Verbindungswege und kämpften schonungslos gegen die Besatzer. Die Bekämpfung dieser Partisanen erfolgte ebenso schonungslos; um die Gefahr zu bannen, wurden gewaltige Säuberungsaktionen durchgeführt, wie im Frühjahr 1943, als über 60.000 Angehörige der Wehrmacht und der Polizei das Waldgebiet zwischen Briansk und Gomel durchkämmten.
So wie den hier dargestellten Angehörigen einer Schutzpolizei-Einheit darf man sich die an diesem Einsatz beteiligten Polizeibeamten vorstellen.

Die Stiefelhos
von der g
chen Farbe v
der Roc
steckt in h
hen Stiefe
a
schwarze
Led

Unten: Das Entlüftungsloch an der Seite der Hausmütze ist hier deutlich zu erkennen. Der Polizei-Brotbeutel – in den Darstellungen nicht zu sehen, da er an der rechten Hüfte getragen wird – ist aus dunkelgrünem Segeltuch gefertigt. Die »gekürzte« Tragebüchse für die Gasmaske ist mit dem üblichen Trageband aus Webgurt versehen. Das Seitengewehr für den 98k hat hölzerne Griffschalen.

Weißrußland 1943

Der Polizeibeamte ist hier mit der Feldbluse bekleidet, die er während der Sommermonate 1943 im Einsatz trug und die ein Jahr zuvor für alle Polizeibataillone eingeführt wurde. Das graugrüne Tuch ist von gröberer Qualität als das für den Waffenrock verwendete Material. Die Brust- und Seitentaschen entsprechen denen am Waffenrock, doch weist die Feldbluse entlang der Vorderfront nur sechs Knöpfe auf. Unten haben die Ärmel einen Schlitz und ein Bündchen zum Knöpfen. Das Schoßteil der Bluse ist geschlitzt. Um das Tragen des Koppels zu erleichtern sind innen in der Bluse, in Hüfthöhe, zwei Stoffbänder mit Schnürlöchern angenäht, in denen die Seitenhaken befestigt werden können. Die Einheitslitzen aus mattgrauem Garn sind ohne Patten direkt am Kragen festgenäht. Die hellgrün gefütterte Hausmütze trägt an der Vorderseite das Hoheitsabzeichen der Polizei in weißem Garn auf schwarzem Grund; die Vorstöße sind wieder hellgrün. Bei seinen Einsätzen gegen die Partisanen hat sich der »Schupo« bewährt und so wurde ihm das Infanterie-Sturmabzeichen verliehen, das er an der linken Brusttasche zwischen dem SA-Sportabzeichen und dem Verwundetenabzeichen in Schwarz trägt. Außerdem wurde er zum Rottwachtmeister befördert, wie an der 8 mm breiten Aluminiumtresse zu erkennen ist, die 1 cm von der Achselnaht entfernt auf seinen abnehmbaren Schulterstücken festgenäht ist.

uf dem schwarzledernen Koppel mit olizei-Koppelschloß aus Aluminium sind zwei atronentaschen ir den Karabiner ufgeschlauft; bei er Waffe handelt s sich um einen arabiner 98k.

ie 1942 hergestellte Hose ist us dem gleichen rünmelierten uch wie die Feldluse geschneiert. Dazu trägt er Partisanenjäer verkürzte chaftstiefel.

Oben: Auf dieser Aufnahme ist die Verbandpäckchentasche im rechten Vorderteil der Feldbluse klar zu erkennen; das Verbandpäckchen selber ist für die Polizei bestimmt und trägt den Stempel »Polizei-Sanitätslager Berlin NW 40«. Das graugrüne Futter mit dem Kammerstempel ist ebenfalls sehr gut zu sehen, wie auch einer der beiden Stoffbänder der Tragevorrichtung für das Koppel (in die die Seitenhaken eingesteckt werden). Diese Bluse verfügt über keine Innentaschen. Der Stoffaufnäher an der Feldflasche verrät, daß sie einem Polizeibeamten gehört.

Unten: Auf einer Zeitschrift »Die Deutsche Polizei« vom März 1942 sind folgende Gegenstände angeordnet: ein Polizei-Dienstpaß; ein Zivilabzeichen der deutschen Polizei; ein Anstecker mit dem Polizei-Hoheitsabzeichen, das zum Tag der deutschen Polizei 1942 verteilt wurde, und schließlich noch eine Postkarte, die den Fronteinsatz der Polizei darstellt und zugunsten des WHW verkauft wurde.

Feldwebel der Division »Hermann Görin

Die an Mannschaften und Unteroffiziere ausgegebene Schirmmütze besteht aus feinem, blaugrauen Tuch, mit einem Besatzstreifen aus schwarzem Mohair und einem Mützenschirm aus schwarzlackiertem Vulkanfieber; der Sturmriemen mit rechteckigen Schiebern wird beiderseits mit schwarzlackierten Knöpfen angeknöpft. Das an der Vorderseite angebrachte Hoheitsabzeichen der Luftwaffe ist ebenso wie die Reichskokarde mit Eichenlaubkranz und stilisierten Schwingen aus Aluminium geprägt. Die Vorstöße an der Mütze sind weiß – die Waffenfarbe der Division[1].

Zum blaumelierten Hemd wird eine schwarze Krawatte getragen. Die Fliegerbluse selbst ist aus dem blaugrauen Grundtuch der Luftwaffe gefertigt; das mit einer Knopfleiste versehene Bekleidungsstück wird entlang der Vorderseite mit vier Knöpfen geschlossen. Der Kragen weist den üblichen Haken-Ösen-Verschluß auf.

Das Hoheitsabzeichen der Luftwaffe an der rechten Brust ist in silbergrauem Garn auf blaugrauer Unterlage gestickt.

Die Seitentaschen sind schräg eingesetzt und werden von an den Kanten abgerundeten Taschenpatten bedeckt, die mit einem Knopf geschlossen werden. Der Ärmelverschluß erfolgt mittels eines knöpfbaren Riegels. Die Bluse ist mit grauer Kunstseide gefüttert und verfügt auf der linken Seite über eine verschließbare Innentasche.

Der Ärmelstreifen der Division wird 15 cm über dem Rand des rechten Ärmels getragen.

Das Ordensband des EK II i
Höhe des zweiten Knopflo
an der Bluse festgenäht.
kornblumenblaue Ordens
mit silbernem »Luftwaffena
an der linken Brust is
Dienstauszeichnung der Luft
fe für vier Jahre (AdÜ.: die
scheint angesichts se
Dienstgrades etwas verwirr
doch muß man wissen, daß
nächste Stufe erst nach z
Jahren verliehen wurde). Da
ter werden das EK I und das
kampfabzeichen der Luftw
getragen. An dem Spa
kreuz an der rec
Brust ist erk
bar, daß der
webel eins
gehörige
»Legion
dor«

Eine Pistole
sche für die P
le 08 hängt
Koppel mit S
dard-Kop
schloß der
waffe. Zu
blaugrauen Ho
werden hohe S
fel getragen (
alte Vorkriegs
li

Nach den verlustreichen Kämpfen auf Sizilien zog sich die Panzerdivision »Hermann Göring« unter ihrem Kommandeur, Generalmajor Paul Conrath, Ende August 1943 in den Raum nördlich von Neapel zurück, wo sie aufgefrischt werden sollte – doch dazu kam es nicht. Denn schon am 9. September mußte der Verband, zusammen mit zwei Heeresdivisionen, gegen die in der vorangegangenen Nacht bei Salerno gelandete 5. amerikanische Armee antreten (die sich aus 25.000 Amerikanern und 30.000 Briten zusammensetzte). Die Landung selber konnte angesichts der ungleichen Kräfteverhältnisse nicht verhindert werden, doch gelang es den Deutschen, den amerikanischen Landekopf durch Gegenangriffe stark einzuengen; erst eine Woche später wurde dieser durch die von Süden heranrückenden Briten aus seiner gefährdeten Lage befreit.

Links: Der Kammerstempel auf der Innentasche der Bluse zeigt ganz oben die Größenbezeichnung: 41 (Rückenlänge), 96 (Brustweite), 44 (Kragenweite), 67 (ganze Länge) und 61 (Ärmellänge); es folgt der Firmenstempel »W. Drews & Söhne« und darunter der Abnahmestempel des Luftwaffenbekleidungsamtes mit Beschaffungsjahr (»L.B.A. 39«); ganz unten der Truppenstempel (»II/Ers. Batl. Rgt. H. G.«, was für *2. Kompanie, Ersatzbataillon des Regiments »Hermann Göring«* steht). Der Schlagstempel auf der Lederzunge des Koppelschlosses lautet: »II./Regt. Gen. Göring« (*2. Bataillon, Regiment »General Göring«*), was zeigt, daß das Koppelschloß aus der Zeit vor der Umbenennung stammt (12. März 1936–1. März 1942) und die Fliegerbluse zwischen diesem Zeitpunkt und der Erweiterung zur Brigade am 15. Juli 1942 auf Kammer kam.

[1] AdÜ.: Seit seiner Aufstellung im Jahr 1936 war die weiße Waffenfarbe auf Kragenspiegel und Mützenvorstößen das Truppenkennzeichen des Regiments; durch den Ausbau zur Division wurde jedoch eine Unterscheidung der verschiedenen, dazugehörigen Waffengattungen notwendig , was nach dem 2. April 1943 durch waffenfarbene Vorstöße an den Schulterklappen geregelt wurde.

Italien 1943

Im Herbst 1942 hatte die Division »Hermann Göring« von der Waffen-SS insgesamt 5000 Sätze an Tarnbekleidung erhalten; die Tarnschlupfjacke und der Stahlhelmüberzug des Unteroffiziers sind beide im gleichen »Eichenlaubmuster« gehalten. Bei der Schlupfjacke handelt es sich um ein früheres Modell (*siehe Seite 99*), bei dem anscheinend die Gummizüge in den Manschetten entfernt wurden. Die weit geschnittene, kragenlose Jacke hat einen verstärkten Bruststschlitz, der durch je fünf Schnürlöcher geschnürt wird. Am Koppel trägt der Feldwebel eine Magazintasche für seine Maschinenpistole 40 und eine Aufschiebeschlaufe, in die das Koppeltragegestell eingehakt wurde. Brotbeutel und Feldflasche werden auf dem Rücken getragen und sind daher hier nicht zu sehen.

Oben: Die Schulterklappen des Feldwebels bestehen aus graublauem Grundtuch und sind in der weißen Waffenfarbe der beiden Panzergrenadier-Regimenter vorgestoßen; sein Dienstgrad ist an der Unteroffiziertresse und dem Stern auf der Schulterklappe[2] und den drei stilisierten Doppelschwingen auf dem weißen Kragenspiegel abzulesen.

[2] AdÜ.: Die Truppenkennzeichen und Rangsterne auf den Schulterklappen waren für Unteroffiziere des Heeres, der Luftwaffe und der Waffen-SS stets aus Weißmetall.

Das Schützenabzeichen der Luftwaffe (Stufe 1) ist zwischen der rechten Schulter und dem zweiten Knopf der Fliegerbluse eingehängt. Die Fangschnur besteht aus graublauer, mit Aluminium durchwirkter Seide; auf dem Schnuransatz ist eine Plakette aus silberoxydiertfarbigem Leichtmetall mit dem Hoheitsabzeichen der Luftwaffe in einem Eichenlaubkranz angebracht.

Oben: Das Spanienkreuz mit Schwertern in Silber wurde insgesamt 8304 Mal verliehen. Es wurde am 14. April 1939 gestiftet »... für die Verdienste deutscher Freiwilliger an der Niederwerfung des Bolschewismus im spanischen Freiheitskampfe«, d.h. für Angehörige der »Legion Condor«, die Hitler während des spanischen Bürgerkrieges (1936–39) General Franco zur Verfügung gestellt hatte, um diesen gegen die Regierung der spanischen Republik zu unterstützen. Diese an der rechten Brust zu tragende Auszeichnung des Deutschen Reiches ist ungewöhnlich groß (54–57 mm). Das hier gezeigte, ausgezeichnet verarbeitete Spanienkreuz aus Nickelsilber wurde von der Firma Gottlieb Wagner hergestellt.

Unten: Der an Mannschaften und Unteroffiziere ausgegebene Ärmelstreifen besteht aus dunkelblauem Stoff mit der maschinengestickten, silbergrauen Aufschrift »HERMANN GÖRING«.

Flugzeugführer des ZG 26,

Kurz nachdem der Feldzug im Westen und die Luftschlacht gegen England, in der sie eingesetzt war, zu Ende war, wurde die III. Gruppe des Zerstörergeschwaders (ZG) 26 im Dezember 1940 nach Sizilien verlegt. Der Verband kämpfte hier über 30 Monate hinweg und konnte in diesem Zeitraum 130 feindliche Flugzeuge und 1210 gepanzerte und ungepanzerte Fahrzeuge der Gegenseite abschießen; er selbst verlor dabei 252 Besatzungsmitglieder. Der hier dargestellte Luftwaffenleutnant feiert zusammen mit seinen Kameraden den 10.000 Einsatz seines Geschwaders.

Die Sommermütze hat einen auswechselbaren, weißleinernen Deckel ohne Vorstoß, auf dem ein handgesticktes Hoheitsabzeichen auf weißer Unterlage angesteckt ist; ansonsten entspricht diese Mütze der Schirmmütze für Offiziere: Mützenschirm aus Vulkanfiber, Besatzstreifen aus schwarzem Mohair mit handgestickter Kokarde, Eichenlaubkranz und Schwingen und Mützenkordel aus Aluminium.

Der khakibraune (so die offizielle Bezeichnung) Tropenrock wird mit offenem Kragen getragen, der jedoch mit einem Haken-Ösen-Verschluß ausgestattet ist. Nur die unteren fünf der sechs braun lackierten Knöpfe an der Vorderfront sind geschlossen. Sowohl die mit Quetschfalten ausgestatteten Brust- als auch die beutelförmigen Seitentaschen verfügen über gerade geschnittene, knöpfbare Taschenpatten. Alle Knöpfe am Rock, einschließlich der für die Schulterstücke, haben die gleiche Größe; sie sind auf der Rückseite durch Sprengringe gesichert und abnehmbar.

Beide Ärmel haben einen durch einen umlaufenden Saum angedeuteten Umschlag. Das Ärmelband ist 16 cm über dem Ärmelrand angenäht. Das Ordensband des EK II ist durch das zweite Knopfloch gezogen und festgenäht; auf der linken Brusttasche sind das EK I und das Flugzeugführer- und Beobachterabzeichen angesteckt, und darüber die goldene Frontflugspange für Schlachtflieger und Zerstörer.

Der Leibriemen mit Zweidornschnalle und die Schnürschuhe mit ihren acht Schnürösen sind beide aus braunem Leder gefertigt.

Glaseinfassung und Nasenbügel der getönten Nitsche & Günther Flieger-Splitterschutzbrille bestehen aus schwarzem Kunststoff; das mit einem Metallschieber verstellbare Kopfband ist elastisch. An der goldenen Frontflugspange für Schlachtflieger und Zerstörer ist der Anhänger mit Einsatzzahl – eine mit schwarzem Lack ausgelegte »200« – angebracht; Spange und Anhänger bestehen aus vergoldetem Tombak (eine Kupfer-Zink-Legierung). Die Auszeichnung besteht aus einer Eichenlaubspange mit einem Lorbeerkranz in der Mitte, in den ein mit der Spitze nach unten zeigender, geflügelter Pfeil eingesetzt ist, unter dem sich ein Hoheitsabzeichen befindet. Der in mattgrauer Baumwolle auf dunkelblauem Grund gestickte Ärmelstreifen »AFRIKA« (hier die Ausführung für Unteroffiziere und Mannschaften) wurde an alle in Nordafrika stationierten Angehörigen der Luftwaffe ausgegeben[1].

Die Schulterstücke
Leutnants bestehen
zwei nebeneinander lieg
den aluminiumfarbe
Plattschnursträngen au
ner Unterlage in der gold
ben Waffenfarbe der Flie
trup

Das Ordensband des
den Hals getragenen Ri
kreuz des Eisernen Kreu
ist hier etwas schmaler
gewöhnl

Das an der linken Brust
genähte Hoheitsabzeic
der Luftwaffe is
silbergrau
braunem Gr
gew

[1] AdÜ.: Zusammen mit den Hoheitsabzeichen an Rock und Hemd deutet diese Ausführung darauf hin, daß es sich bei dem Leutnant um einen vor kurzem beförderten Feldwebeldienstgrad handelt.

Sizilien 1943

en: Eine Schwimmweste war für
zeugbesatzungen, die überwie-
d über dem Meer zu operie-
hatten, absolut überlebens-
htig. Das hier gezeigte
waffenmodell (Gewicht
kg) besteht aus mehreren mit
ok gefüllten Kammern; dieses
dell gewährte einen recht gut-
Auftrieb, aber
solange die
ste noch
t neu

Rechts: Die khakibraune Tropen-Einheitsfliegermütze des Offiziers hat an beiden Seiten zwei braunlackierte Metallösen als Lüftungslöcher. An der Vorderseite der Mütze wird eine handgestickte, unterfütterte Kokarde getragen und darüber das Metall-Hoheitsabzeichen der Schirmmütze; der Vorstoß aus heller Aluminiumlitze in der Deckelnaht kennzeichnet die Offiziermütze. Das kurzärmelige, ursprünglich khakibraune Tropenhemd ist stark ausgeblichen; es wird entlang des Brustschlitzes mit vier kleinen, braunen Kunststoffknöpfen geschlossen, die auch für die beiden mit Mittelfalten und geschweiften Patten versehenen Brusttaschen verwendet werden. Das Hoheitsabzeichen ist in sandfarbenem Garn auf einem dreieckigen, khakibraunen Grund maschinengewebt.

Links: Das ziemlich abgeriebene Flugzeugführer- und Beobachterabzeichen (bzw. Luftwaffendoppelabzeichen) ist aus einer Nickel-Kupfer-Legierung gefertigt; in der linken Hälfte zeigt der ursprünglich goldfarbene Kranz Lorbeerblätter und rechts Eichenlaub.

Am Handgelenk trägt der Leutnant eine Glashütte-Armbanduhr.

Rechts: Die khakibraune Überfallhose wird vorne durch ein eingenähtes Gürtelstück aus doppelt gelegtem Grundtuch verengt; dazu wird das rechte Gürtelende durch die Klemmschnalle auf der linken Seite geführt. Die Seitentaschen sind schräg eingesetzt und ohne Taschenpatten; die Gesäßtaschen hingegen und die Beintasche sind mit geschweiften Taschenpatten versehen, die verdeckt geknöpft werden. Die weit geschnittene Hose wird an den Knöcheln durch einen knöpfbaren Schnallenverschluß geschlossen. Sämtliche Knöpfe bestehen aus sandfarbenem Kunststoff, auch die sechs innen im Bund angebrachten, die zum Einknöpfen von Hosenträgern dienen.

e kurze Hose der Luftwaffe
in Stoff und Machart ähn-
h wie die Überfallhose gear-
itet. An dem eingenähten
rtelstück hängt ein Luftwaf-
nkompaß.

e braunen Socken sind auf
n Rand der Schnürschuhe
rabgerollt.

Flugzeugführer des KG »Hindenburg«,

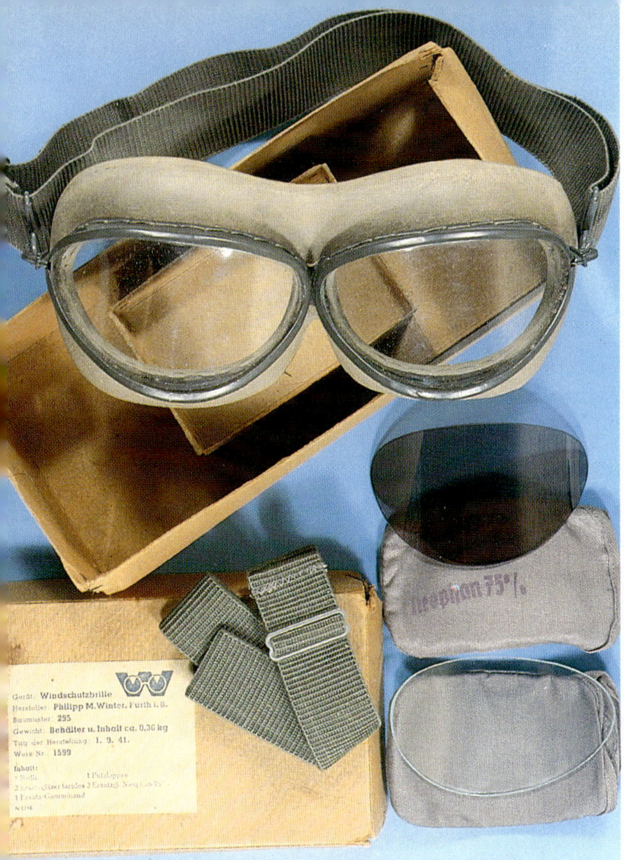

Am 12. Dezember 1943 wurde dem Fliegeroffizier Helmut Sprung, der als Leutnant bei der 7. Staffel des Kampfgeschwaders 1 diente, das Ritterkreuz zum Eisernen Kreuz verliehen. Die unten wiedergegebene Originalaufnahme zeigt Sprung am 5. August 1944 in Neuburg im Kreis seiner Kameraden, die ihm zur Beförderung zum Oberleutnant gratulieren. Unsere Rekonstruktion zeigt den Offizier noch einige Monate später, als er schon zum Hauptmann befördert worden war.

Das an die Angehörigen des Geschwaders ausgegebene Erinnerungsband besteht aus dunkelblauem Tuch und trägt die gotische Aufschrift »Geschwader Hindenburg« in Aluminiumgespinst (für Offiziere). Das Kampfgeschwader 1 trug den Namen zur Erinnerung an Feldmarschall Paul von Beneckendorff und von Hindenburg, der im Ersten Weltkrieg bei Tannenberg die Russen besiegt hatte.

Die von der Firma Philipp M. Winter am 1. September 1941 hergestellte Windschutzbrille, die der Hauptmann bei seinen Einsatzflügen trägt, wird hier mit ihrem braunen Originalbehälter gezeigt. Die Fliegerbrille verfügt über ein stabiles Gummiband, das mittels eines metallenen Schiebers der jeweiligen Kopfgröße angepaßt werden kann; der Metallrahmen ist grün lackiert, die Randabdichtung besteht aus dickem Gummi. Die Brille wurde mit einem Ersatz-Gummiband, sowie zwei klaren und zwei getönten Ersatzgläsern geliefert, die in den grauen Stoffbeuteln aufbewahrt werden. Um Beschädigungen zu vermeiden, hat der Pappbehälter ein Extrafach für die Ersatzgläser.

Ausgehanzug: Die Schirmmütze des Hauptmanns hat einen Deckel aus feinem, blaugrauem Grundtuch, der Besatzstreifen ist aus schwarzem Mohair. Die Ränder des Besatzstreifens und der Deckelrand sind mit Aluminiumschnur vorgestoßen; das Hoheitsabzeichen, der Eichenlaubkranz und die Schwingen sind aus Aluminiumgespinst handgestickt, und auch die Mützenkordel besteht aus demselben Material – Kennzeichen der Offiziere. Die Unterseite des Mützenschirms aus Vulkanfiber ist gelbbraun. Unter dem Rock trägt der Flieger ein weißes Hemd mit schwarzer Krawatte, die jedoch von dem um den Hals getragenen Ritterkreuz weitgehend verdeckt wird. Der Waffenrock ist aus dem gleichen feinen Grundtuch geschneidert wie die Mütze und wird vorne durch vier Knöpfe geschlossen; die vier aufgesetzten Brust- und Seitentaschen haben Quetschfalten und gerade Taschenpatten. Alle Knöpfe an der Uniform sind aus mattgekörntem Aluminium. Die Ärmel haben einen rund 16 cm hohen Umschlag; der offen getragene Kragen ist mit der Offizieren zustehenden Aluminiumschnur eingefaßt. Die Schulterstücke, jeweils mit den beiden goldfarbenen Sterne eines Hauptmanns, sind in den Ärmelnähten eingenäht. Die goldgelbe Waffenfarbe der Fliegertruppe zeigt sich nicht nur in den Unterlagen der Schulterstücke, sondern auch als Grundfarbe der Kragenspiegel. Diese sind mit Aluminiumschnur eingefaßt und ebenfalls mit den Dienstgradabzeichen eines Hauptmanns versehen: kleine Eichenlaubstickerei und drei gestickte Doppelschwingen (alle Stickereien in Aluminium). Über der rechten Brusttasche ist das Hoheitsabzeichen der Luftwaffe (handgestickte Aluminiumausführung für Offiziere) aufgenäht.

Durch das oberste Knopfloc des Rocks wird das Ordensban der Ostmedaille getragen. Da Erinnerungsband ist rund u den rechten Unterarm, 1 c über dem Umschlag, aufgenäh

Unter der Brusttasch steckt das Deutsche Kre in Gold, das Sprung am 1 August 1942 verli hen worden wa Links trägt d Offizier sei weiteren Au zeichnunge die Frontflug pange f Kampfflieg in Gold, da EK I und da Flugzeugfü rer- und Beo achterabze che

Die grauen Wi lederhandschu werden dur Druckknöpfe a Handgelenk g schlosse

Die lange Hose a blaugrauem Tu ist vom Farbton was heller als d Rock. Die Ha schuhe sind a schwarzem Led

Neuburg 1943

e aus dunkelbraunem Ziegenleder
›fertigte »Flieger-Kopfhaube für Win-
r mit FT-Gerät (Baumuster LKp W
01)« ist mit weißem Lammfell gefüt-
rt und hat integrierte Kopfhörer. Die
›iden Kinnriemen werden jeweils mit
ner Dornschnalle geschlossen (eine
ks und eine rechts) und das Kehlkopf-
krofon wird mittels Druckknopf in die
chtige Stellung gebracht. Die Flieger-
ille wird durch zwei mit Druckknöpfen
rsehene Riegel auf der Rückseite der
ube gesichert.

er hellbraune Leibriemen wird
rch eine Zweidornschnalle
schlossen. Die dunkel-
aunen Flieger-Leder-
ndschuhe mit Stulpe
nd mit Kaninchenfell
füttert und werden
n die Handgelenke
rch ein Lederband
t Druckknopf en-
rgestellt. Die
eger-Pelzstiefel
ben ein leder-
s Vorderblatt
d Schäfte aus
hwarzem
ldleder; um
s An- und
sziehen zu
eichtern
d die Stie-
seitlich
t Reißver-
hlüssen
sgestat-
t. Die
hnall-
men
den
st und
Wa-
n die-
n zum
gerstel-
der
iefel.

Rechts: Das Etui für das Deutsche Kreuz in Gold ist aus Sperrholz und schwarzem Karton gefertigt; die Innenseite des Deckels ist mit weißem Baumwollsatin gefüttert. Auch das Etui des EK I besteht aus Holz und Karton, doch ist der Boden mit elfenbeinweißem Samt bezogen und die Deckelinnenseite mit weißem Baumwollsatin. Die Frontflugspange für Kampfflieger in Gold liegt in einem dunkelblauen Etui (ebenfalls aus Holz und Karton); der Boden ist auch hier mit elfenbeinweißem Samt ausgeschlagen, der Deckel mit weißem Satin.

Das beinahe schon blauschwarze Etui für das Flugzeugführer- und Beobachterabzeichen besteht aus denselben Materialien wie die vorhergegangenen, wobei für den Boden jedoch dunkelblauer Samt verwendet wurde und für den Deckel violetter Satin. Alle vier Etuis verfügen über einen Sprungfederverschluß.

Unten: Die Fliegerkombination (offizielle Bezeichnung: Flieger-Schutzanzug – Land – für Winter) ist aus strapazierfähigem graublauen Tuch und durchgehend mit Kunstpelz gefüttert, wie er auch für den großen Kragen Verwendung findet. Der Anzug wird mit einem kräftigen Reißverschluß geschlossen, der vom linken Oberschenkel zur rechten Schulter läuft und durch eine Leiste verdeckt wird. Mit einem weiteren, kurzen Reißverschluß kann der Oberkörper etwas »durchlüftet« werden; eine große, dreieckige Klappe an der rechten Schulter, die mit einem Knopf geschlossen wird, bedeckt beide Verschlüsse. Im Brustbereich ist eine Tasche mit vertikalem Eingriff angebracht. Die beiden Lederschlaufen vorne auf der Brust sind für die Kabel der Kopfhörer und des Mikrofons gedacht. An der linken Seite des Anzugs befindet sich eine kleine dreieckige Klappe mit Druckknopf, die den Metallring verdeckt, der das Ausziehen des gut 5 kg schweren Bekleidungsstückes erleichtern soll. Die Reißverschlüsse an den Ärmeln werden am Bund zusätzlich durch Druckknöpfe gesichert. Zwei vertikal verlaufende Öffnungen in Hüfthöhe ermöglichen den Durchgriff auf die unter der Kombination getragene Uniform. Der Hosenschlitz, die Beintaschen auf den Oberschenkeln und der Unterschenkelbereich des Schutzanzuges werden ebenfalls durch Reißverschlüsse geschlossen. Alle Reißverschlüsse sind mit braunen Lederschlaufen versehen.

Panzergrenadier der Division

Der Tropenhelm besteht aus gepreßtem Kork, mit einem Überzug aus sandfarbenem Stoff. Der hier über den Vorderschirm gelegte Kinnriemen, der mittels eines Metallschiebers verstellt werden kann, besteht ebenso aus grauem Leder wie die Randeinfassung des Schirmes. Die beiden Abzeichen aus erhaben geprägtem Leichtmetall sind mit drei Stiften aus Aluminium (*oben*) bzw. Zink (*unten*) am Helm befestigt. Das auf der rechten Seite getragene Abzeichen zeigt die SS-Runen auf silbernem Grund (die Sig-Rune war der Buchstabe »S« des altgermanischen »Futhark«-Alphabets). Links wird das Wappenschild als Abzeichen getragen. Beide waren so bis 1940 auch auf dem Stahlhelm zu finden.

Nach der alliierten Landung auf Sizilien wurde die Sturmbrigade »Reichsführer-SS« im Juli 1943 nach Korsika verlegt, um diese Insel gegen einen möglichen alliierten Landungsversuch zu sichern. Im September wurde sie dann als ein Grundbestandteil einer neuen Panzergrenadier-Division ausersehen. Als die Brigade im Oktober 1943 auf das italienische Festland zurückgebracht wurde, verlegte sie mit Teilen nach Slowenien, wo sie zur Division ausgebaut wurde, die als 16. SS-Panzergrenadier-Division »Reichsführer-SS« in die Kriegsgliederung der Waffen-SS aufgenommen wurde. Teile des SS-Panzergrenadier-Regiments 35 (eines der beiden Pz.Gren.Rgt der Division) kämpften im Januar 1944 gegen die alliierten Landungstruppen bei Anzio-Nettuno. Die im April 1944 nach Ungarn zur Auffrischung verlegte Division wurde bereits im Folgemonat nach Italien zurückverlegt, wo sie sich auszeichnete, als sie den Vormarsch der britischen 8. Armee zwischen Parma und Grossetto aufhielt. Von August bis September kämpfte die Division während des Rückmarsches ihren Weg durch Italien, wobei es verschiedentlich zu Gefechten mit italienischen Partisanen kam.

Der SS-Panzergrenadier trägt ein sa
farbenes Baumwollhemd im italie
schen »Sahariana«-Schnitt. Das vor
durch vier Knöpfe geschlosse
Schlupfhemd verfügt über gekno
te Manschetten und aufgese
te Brusttaschen; die Bes
derheit bei diesem Schnitt si
die heruntergezogenen Schulterp
tien, deren geschweifte Spitzen
Funktion einer Taschenpatte für
Brusttaschen erfüllen. Die mit Zun
und Schlaufe aufgeknöpften Schult
klappen sind weiß vorgestoß
(Waffenfarbe der Panz
grenadiere). Auf d
linken Oberarm ist d
Hoheitsabzeichen a
genäht. Die Knö
des Hemdes si
aus farblich e
sprechende
Kunststoff, nur
die Schulterkl
pen werden
üblichen gekö
ten Metallkn
fe verwend
hier bra
lackie

Die kurzen H
sen werd
durch das K
pel gehalte
das in dies
Fall mit eine
Aluminiu
schloß verseh
ist. Die Met
haken an
Hose hinde
das Koppel
Verrutsche

Links: Diese hohen Stiefel aus sandfarbenem Segeltuch wurden ausschließlich für die Waffen-SS hergestellt. Sie sind - entlang der vorderen und hinteren Nähte - innen und außen mit braunem Leder versteift. Die Verstärkung des Vorderblatts ist bis zu den Knöcheln hochgezogen. Zum besseren Sitz der Stiefel sind auf der Rückseite oben am Schaft vier Paar Schnürlöcher angebracht, die mit braunen Schnürsenkeln geschnürt werden. Die Stiefel lassen sich mit Hilfe eingenähter Gewebestrippen am Schaftrand anziehen.

»Reichsführer SS«, Anzio 1944

Das Schiffchen aus sandfarbener Baumwolle hat ein grünes Futter. Die Abzeichen auf der Tropenbekleidung sind nicht silber- oder mattgrau auf schwarzem Grund, wie an der feldgrauen Bekleidung, sondern aus sandfarbenem Garn gewebt (siehe Nahaufnahmen auf *Seite 52*); dessen Farbnuancen können von hellbeige bis fast orangegelb reichen.

Die sandfarbene Tropen-Feldbluse im »Sahariana«-Schnitt wird entlang der Vorderseite mit vier Knöpfen geknöpft und weist die gleiche Schulterpartie wie das Hemd auf; die beiden Seitentaschen verfügen über geschweifte Patten. Sämtliche Knöpfe der Bluse bestehen aus feldgrau lackiertem Kunststoff, sind abnehmbar und mit Sprengringen auf der Innenseite befestigt; die Knöpfe für die Schulterklappen sind allerdings aus Metall und festgenäht. Zur Belüftung dienen je vier umnähte Ösen unter den Achseln. Die Ärmel enden in einem mit zwei Kunststoffknöpfen verstellbaren Schlitz. Unter dem Ärmel-Hoheitsabzeichen ist der Sturmmann-Winkel (Gefreiter) auf schwarzem Grund aufgenäht. An der linken Brusttasche läßt sich das Infanterie-Sturmabzeichen erkennen.

Das Selbstladegewehr G43 (Kaliber 7,92 mm x 57) hat ein ansteckbares Magazin für 10 Patronen. Am Koppel sind dafür zwei verschiedene Magazin- bzw. Patronentaschen aufgeschlauft – rechts für zwei Magazine des Gewehrs 43, links die herkömmliche dreiteilige Patronentasche für den 98k mit 45 Patronen zum Nachfüllen der Magazine.

gezeigten Uni-
ıen wurden
den Angehöri-
der Division
auf Korsika
in Italien ge-
,en.

Oben: Die kurzen Hosen des Panzergrenadiers bestehen aus leichtem, sandfarbenen Baumwollstoff. Im Unterschied zur waagrechten Uhrtasche werden die schräg eingelassenen Seitentaschen mit Knöpfen verschlossenen. Die sechs flachen Metallhaken entlang des Hosenbundes sind sandfarben lackiert und mit der Biegung nach oben festgenäht. Die Hosenträger werden an der Innenseite mit je zwei Knöpfen vorne und je einer Strippe hinten eingehängt. Das Futter der Taschen und um den Bund besteht aus weißem Stoff.

Unten: Eine weitere Variante der kurzen Hose, aus dem gleichen Stoff wie das obere Stück. Bis auf wenige Details (z.B. Farbe der Knöpfe und Metallhaken, Patte der Uhrtasche) sind beide Hosen gleich.

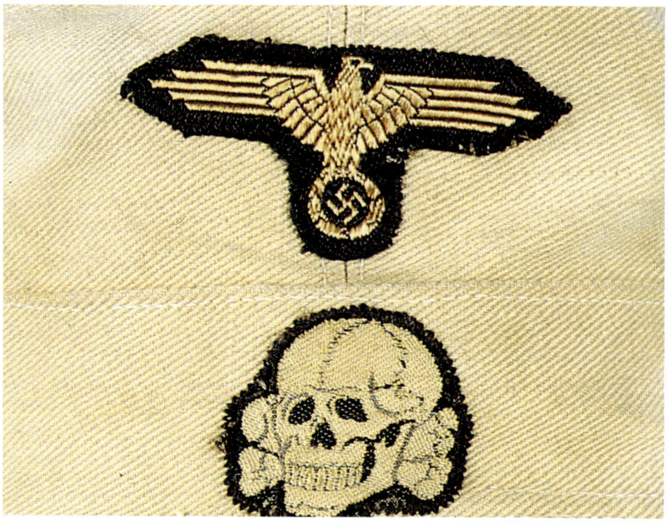

Oben links: **Nahaufnahme des Tropenhemdes mit Abzeichen. Zur Erhöhung der Tarnwirkung erhielt der Stahlhelm 35 einen Anstrich in hellocker.**

Der Ärmelstreifen »Reichsführer-SS« in maschinengewebter Ausführung. Weder er noch die Kragenspiegel wurden jedoch zur Tropen-Feldbluse getragen.

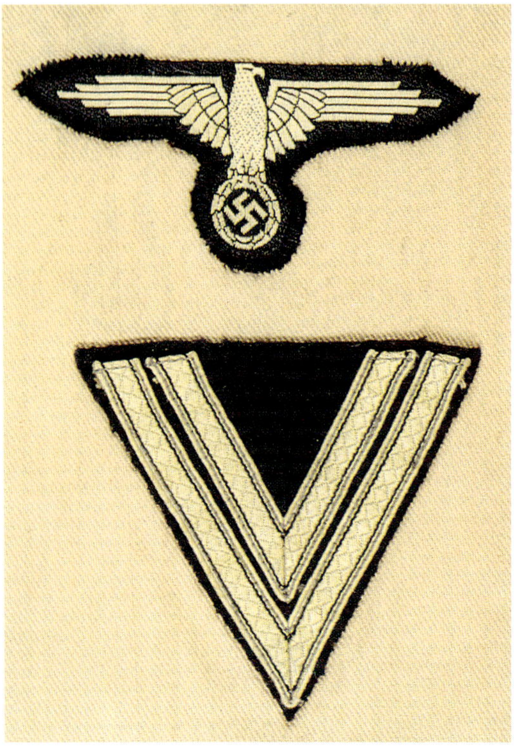

Links: **Nahaufnahme des Ärmel-Hoheitsabzeichens und des Dienstgradabzeichens für einen SS-Rottenführer (Obergefreiter). Der »Ärmeladler« ist in sandfarbenem Garn auf schwarzem Grund maschinengewebt, während die Winkel (aus sandfarbener Unteroffiziertresse) auf schwarzer Unterlage aufgenäht wurden.**

Rechts: **Frühes Modell der »Sahariana«-Feldbluse (Taschen mit Quetschfalten) aus festem Baumwolldrillich. Die beiden Verbandpäckchentaschen im rechten und im linken Vorderteil der Innenseite sind deutlich zu sehen. Bei späteren Ausführungen werden die Schulterklappen anders befestigt.**

An der Stirnseite der Feldmütze des Rottenführers, die aus leichtem, sandfarbenen Baumwollstoff gefertigt ist, sind die beiden auf *Seite 52* gezeigten Abzeichen aufgenäht. Das orangegelbe Hoheitsabzeichen ist maschinengestickt, während der Totenkopf in mattgelbem Garn gewebt wurde. Diese Mütze hat normalerweise ein rotes Futter. Die Feldbluse ist vom gleichen Schnitt wie die auf der vorhergehenden Doppelseite. Alle Knöpfe bestehen aus gelblichgrünem Kunststoff. Das Ärmel-Hoheitsabzeichen und die Dienstgradwinkel werden auf *Seite 52* genauer gezeigt.

Detail der Rückenseite der »Sahariana«-Bluse mit den charakteristischen, geschweiften Spitzen der Schulterpartie. Interessant sind die Ärmelschlitze und der breite Durchzug für das Zugband in Hüfthöhe, dessen Nähte auf dieser Aufnahme gut zu sehen sind.

Die Rundbundhose besteht aus sandfarbenem Baumwollstoff. Fünf braunlackierte Metallhaken – zwei vorne, drei auf der Rückseite – sind im Hosenbund eingenäht und sollen das Koppel halten. Die leicht schräg geschnittenen, eingesetzten Seitentaschen werden durch die gleichen braunen Kunststoffknöpfe geschlossen, die auch den Hosenschlitz zieren. Direkt unter dem Hosenbund ist die horizontale Uhrtasche eingesetzt. Die Gesäßtaschen werden auf dieselbe Weise verschlossen wie die anderen Hosentaschen auch. An beiden Hüften finden sich kurze Gürtelstücke mit Schnalle, mit denen die Hose angepaßt werden kann. Vorne und hinten befinden sich Strippen zum Einknöpfen der Hosenträger. Die untere Gesäßhälfte ist durch einen Besatz verstärkt. Die keilförmig zulaufenden Hosenbeine werden um die Knöchel mit einer Art Steg und zwei daran befestigten Stoffbändern gebunden. Für das Futter wurde weißer Stoff verwendet.

braunen Schnürschuhe
Leder werden mit brau-
Schnürsenkeln durch je
ben Paar Schnürlöcher
chnürt.

Pionier,

Die Stoffqualität der Feldbluse 35 dieses Pioniers ist wegen der kriegsbedingten, mangelhaften Rohstofflage relativ schlecht. Der bläulich-dunkelgrüne Kragen weist die regulären Kragenpatten auf (mit Litzenspiegeln in der schwarzen Waffenfarbe der Pioniere). Die abnehmbaren Schulterklappen aus Abzeichentuch sind schwarz vorgestoßen. Die gleiche Farbe wird auch für die auf den Schulterklappen aufgestickte, weiß umrandete Bataillonsnummer 34 (Truppenkennzeichen) verwendet. Das Hoheitsabzeichen ist in grauem Garn auf feldgrauem Grund gewebt, der Gefreitenwinkel am linken Oberarm auf bläulich-dunkelgrünem Abzeichentuch aufgenäht. Die Hosen des wattierten Winteranzuges sind mit Reißwolle gefüttert, werden um die Knöchel mit einem Zugband gerafft und haben schräg eingesetzte Seitentaschen mit geknöpften Taschenpatten. Beim Tarnmuster handelt es sich um das sogenannte Heeres-Sumpfmuster (nach dem Krieg auch vom Bundesgrenzschutz verwendet). Die weit geschnittenen und, im Kniebereich verstärkten Hosen können über der feldgrauen Hose getragen werden.

Der ursprünglich feldgra
Stahlhelm hat zwei versch
dene Tarnanstriche erh
ten, den helleren auf d
Glocke und den dunkler
auf dem Schir

Die als persönliche Wa
geführte P38 steckt in d
Pistolentasche an der
ken Hüfte; außerdem trä
der Pionier zwei Stielha
granaten 24 im Kopp
und eine Teller
ne 42 in d
rechten Har

Das Gepäck des Pioniergefreiten besteht für diesen Einsatz überwiegend aus Sprengmitteln, die gleichmäßig auf die beiden Seitentaschen und das Rückengepäck seines Pioniersturmgepäcks verteilt sind. Beide Seitentaschen verfügen an ihrer nach vorne zeigenden Schmalseite über vier kleine Täschchen mit Druckknopfklappen, die gewöhnlich Ladestreifen für den Karabiner aufnehmen; die Taschendeckel der Seitentaschen werden durch mit Krampen versehene Webgurt-Steckriemen gesichert, die durch Krampenschlitze gesteckt werden. Um leichter greifbar zu sein, wird die Gasmaske in einer Tasche an der Vorderseite der rechten Seitentasche geführt, die mit einer durch Blechösen laufenden Schnur verschlossen wird.

Der starke sowjetische Artilleriebeschuß kündigt einen unmittelbar bevorstehenden Großangriff an. Die 34. Infanteriedivision räumt nach Einbruch der Nacht ihre dünnen Verteidigungslinien. Nur einige Gruppen des Pionierbataillons 34 bleiben noch zurück, um die verlassenen Stellungen zu verminen und mit Sprengfallen zu versehen. An herumliegenden Waffen, Kartentaschen und anderen Ausrüstungsstücken, die das Interesse des Gegners wecken und deshalb »vergessen« wurden, haben sie unscheinbare Drähte befestigt, die zu den Zündern versteckter Sprengladungen führen. Die raffinierten Fallen und Minensperren sollen das Vorrücken des Gegners verzögern.

Die drei Bestandteile des Pioniersturmgepäcks – Rückengepäck und zwei Seitentaschen – sind aus stabilem, olivfarbenen Segeltuch gefertigt. Die linke Seitentasche ist in zwei Fächer unterteilt – jede für eine 1-kg-Sprengladung; die rechte ist für die Aufnahme von sonstigem Ausrüstungsgegenständen gedacht. Beide Taschen werden am Koppel aufgeschoben und sind durch einen verstellbaren Gurtband auf der Rückseite miteinander verbunden. Die kleine Pionierhandsäge in ihrer schwarzledernen Tragetasche und ein Seitengewehr hängen ebenfalls am Koppel.

Schw
Marschs
(späte
führ

Ostfront 1943–44

Das Rückengepäck wird am Koppeltragegestell eingehakt; es ist in vier Fächer unterteilt. Die beiden großen, durch eine Querwand in der Mitte gebildeten Fächer können je eine 3-kg-Sprengladung aufnehmen. Um schnell an den Inhalt gelangen zu können, werden sie durch zwei mit Krampen, Krampenschlitzen und Steckriemen gesicherte Taschenklappen an der rechten Seite verschlossen. Im Rückenfach steckt eine Zeltbahn 31 zur Polsterung. Das Deckelfach des Rückengepäcks, das mit einem Band zugebunden wird, nimmt das Kochgeschirr 31 auf; es wird anschließend nach vorne geklappt und mit einem Gurtbandriemen auf dem oberen Hauptfach verschnallt. Brotbeutel und Feldflasche werden in der üblichen Weise an der Hüfte getragen.

Vor dem Abrücken der deutschen Verbände entfernen die Pioniere noch sämtliche Minenwarnfähnchen, mit denen die Minengassen gekennzeichnet wurden (diese dreieckigen, leuchtend gelben Fähnchen mit dem schwarzen Totenkopf sind eigentlich als Gasspürfähnchen gedacht); das große rechteckige Warnfähnchen dient ebenfalls zum Anzeigen von »verseuchtem« Gelände. Die Tragetasche ist aus schwarzem Kunstleder und nimmt etwa ein Dutzend Fähnchen auf. Sie kann mit einem verstellbaren Tragegurt über der Schulter getragen werden. Die kurze Drahtschere ist in einer Tragetasche aus schwarzem Kunstleder untergebracht, die mit zwei verstärkten Lederschlaufen am Koppel befestigt wird.

Fallschirmjäger,

Damit er besser mit der verschneiten Umgebung verschmilzt, hat der Fallschirmjäger-Stahlhelm einen weißen Anstrich erhalten. Zum Fixieren des Helmes wird der längere, rechte Kinnriemen durch die Klemmschnalle am linken Kinnriemen geführt und mittels Druckknopf an einer von zwei beweglichen Lederschlaufen auf der rechten Seite geschlossen *(siehe Seiten 14/15 und 64/65)*. Unter dem Helm trägt der Jäger einen grauen Kopfschützer aus Wolle.

In den frühen Tagen des »Blitzkrieges« bildeten die deutschen Fallschirmjäger in Norwegen, Dänemark, den Niederlanden und Belgien die Speerspitze der deutschen Truppen und legten den Grundstein für ihren herausragenden Ruf. Nachdem sie im Norden und Westen Europas Schlüsselpositionen und Flugplätze erstürmt und Festungen genommen hatten, verlegten die »Grünen Teufel« ihren Wirkungsbereich in den Mittelmeerraum. In Griechenland nahmen sie die Brücke über den Kanal von Korinth und eroberten unter schweren Verlusten die Insel Kreta. Im Winter 1943/44 kämpfte die 2. Fallschirmjäger-Division dann in der Ukraine westlich des Dnjepr.

Die Helmhaube besteht aus gut tiefziehfähigem Stahlblech von 1,15 mm Dicke (Legierung mit Beimengungen von Kohlenstoff, Mangan, Nickel und Chrom mit einer Zugfestigkeit von 200 kg/mm≈ bei einer Bruchdehnung (10) von etwa 5%). Zur Innenausstattung gehört das mit insgesamt zwölf runden Entlüftungslöchern versehene Schweißleder aus naturfarbenem Schafleder; die Verbindung zwischen Helmhaube und Innenausstattung erfolgt durch einen Leichtmetallring, der mit dem Schweißleder vernäht ist und mittels vier Linsenkopfschrauben an der Stahlhaube befestigt wird. Zwischen Metallring und Schweißleder sind sieben Leichtgummipolster als Stoßdämpfer eingelegt. Die von Kinn- und Nackenriemen gebildeten Verschlußriemen bestehen aus grauem, mit Sämischleder untersetztem Ziegenleder; sie lassen sich durch je drei mit Metallringen verstärkte Löcher an den oberen Enden an die jeweilige Kopfform anpassen und werden mit denselben vier Linsenkopfschrauben befestigt wie die Innenausstattung.

Das Luftwaffen-Koppelschloß des Fallschirmjägers ist blaugrau lackiert; neben den beiden Segeltuch-Magazintaschen (spätere Ausführung) für seine Maschinenpistole MP40 trägt er noch zwei Stielhandgranaten 24 am Koppel.

Mit Ausnahme der Steppnäht die zum Fixieren der als Füllu verwendeten Reißwolle dienen, der hier mit der Schneetarnse nach außen getragene, wendba Wintertarnanzug von Schnitt u Machart mit den übrigen in d sem Buch gezeigten Stück weitgehend identisc

Die Hosenbeine Wintertarnanzu sind mit einem Saum laufenc Zugband über c Marschstiefeln gebund

Ukraine 1943

e grüne Seite des Wintertarnan-
ges zeigt erhebliche Farbunter-
hiede zwischen Jacke und Hose,
s zusammen mit der unter-
hiedlichen Absteppung darauf
ndeutet, daß sie ursprünglich zu
rschiedenen Anzügen gehörten.
Unterschied zu den weißen
öpfen der Winterseite sind die
r grünen Seite feldgrau lackiert.

Die hier über die Feldmütze gezogene, gefütterte Kapuze weist zu beiden Seite eine große Metallöse für ein Zugband auf, das hier allerdings fehlt; der mit zwei großen, gekörnten Knöpfen versehene Riegel am Hals dient zum Dichtschließen der Jacke.

Links: Das Fallschirmschützenabzeichen der Luftwaffe wurde »... nach erfolgreichem Abschluß eines Fallschirmschützenlehrgangs ...« verliehen, zu dem sechs Sprünge gehörten. Das hier gezeigte Abzeichen ist sehr gut verarbeitet; es besteht aus einem ovalen Kranz (rechte Seite Lorbeer, linke Seite Eichenlaub) mit aufgesetztem, vergoldeten Adler, der ein Hakenkreuz in den Fängen hält.

strickte Finger-
ndschuhe aus
uer Wolle.

Rechts: Der Umschlag der blaugrauen Einheitsfeldmütze wird mit zwei kleinen, blaugrau lackierten Knöpfen geknöpft. Das Hoheitsabzeichen der Luftwaffe und die Kokarde sind auf Abzeichentuch maschinengestickt. Die blaugraue Fliegerbluse hat eine verdeckte Knopfleiste mit vier blauen Hornknöpfen. Die abnehmbaren Schulterklappen sind aus blaugrauem Grundtuch gefertigt und in der goldgelben Waffenfarbe der Fallschirmtruppe vorgestoßen. Der Kragen der Bluse wird hochgeschlossen getragen. Die beiden goldgelben Kragenspiegel sind mit je einer aluminiumfarbenen Doppelschwinge versehen, der Mann ist also ein Jäger (unterster Dienstgrad der Fallschirmtruppen). An der rechten Brust ist das maschinengestickte Hoheitsabzeichen der Luftwaffe, in silbergrauem Garn auf blaugrauer Unterlage, aufgenäht, während an der linken Brust das Fallschirmschützenabzeichen angesteckt ist.

Oberwachtmeister einer

Der Stahlhelm des Oberwachtmeisters ist blaugrau lackiert. Auf der linken Seite ist immer noch das Hoheitsabzeichen der Luftwaffe zu sehen (eigentlich seit 1942 nicht mehr getragen). Der graue Rollkragenpullover ist ein privat beschafftes Kleidungsstück. Die über der Fliegerbluse getragene Tarnbluse[1] ist nicht wendbar; bei dem Tarnmuster handelt es sich um das Luftwaffe-Splittermuster, das sich von dem des Heeres jedoch nur geringfügig unterschied. Die Bluse wird vorne mit fünf blaugrauen Kunststoffknöpfen geschlossen.

[1] AdÜ.: Es handelt sich hierbei um eine Ausführung des für die Luftwaffen-Felddivisionen eingeführten Modells.

Unten links: Der am 20. September 1943 gestiftete Kubanschild war als Kampfauszeichnung für die deutschen und rumänischen Soldaten bestimmt, die an den Abwehrkämpfen in dem auf der Kubanhalbinsel eingerichteten Brückenkopfes teilgenommen hatten. Zwischen Februar und Mai 1943 waren sie hier abgeschnitten und auf die Versorgung aus der Luft und über Wasser angewiesen; nachdem sie alle sowjetischen Angriffe und Umgehungsversuche abgeschlagen hatten, räumten die Verteidiger – Teile der deutschen 17. Armee und fünf rumänische Divisionen – zwischen September und Oktober 1943 den Brückenkopf in guter Ordnung. Die Durchführungsbestimmungen für die Verleihung dieses Kampfabzeichens besagen: »Den Kubanschild erhält, wer in der Zeit seit 1. Februar 1943 an den Kämpfen am Kubanbrückenkopf zu Lande, in der Luft oder zu Wasser ... beteiligt war und eine der nachstehenden Voraussetzungen erfüllt hat: a) Teilnahme an einer Hauptschlacht, b) Verwundung, c) ununterbrochener Einsatz von mindestens 60 Tagen.« Unter dem Schriftzug »KUBAN« stellt der bronzierte Schild aus geprägtem Feinblech den stilisierten Verlauf des Brückenkopfes mit den Hauptkampforten (den Lagunen, Krymskaja und Noworossijsk) dar. Der Schild ist mit vier Stiften auf der blaugrauen Stoffunterlage befestigt (für das Heer entsprechend feldgrau, bzw. dunkelblau für die Marine).

Ostfront, Ende 1943. Die von den Männern der 5. Luftwaffen-Felddivision verteidigte deutsche Hauptkampflinie wird einem kurzen, aber intensiven sowjetischen Artilleriefeuer ausgesetzt. Von dem entschlossenen Gegner schwer bedrängt, fallen die noch benommenen Überlebenden auf die rückwärtigen Stellungen zurück. Dann rollen zahllose T34 heran und drohen die HKL der deutschen Bataillone zu durchbrechen. Die Sturmgeschütze der 3. Batterie unter Leutnant Wolfgang Bach werden herbeigerufen, um die Lücken wieder zu schließen. Ein tödlicher Kampf entbrennt.

Links: Unter beiden A
seln hat die Tarnbluse
der Armlochnaht ein
Schlitz zur Entlüftu
Der Ärmelbund aus d
peltem Stoff wird mitt
napfförmigem Leichtr
tallknopf und Knopflo
verschlossen.
großzügig geschnit
nen, eingesetzten S
tentaschen werden
weils mit einer knöpf
ren Taschenpatte v
schlossen; die
Knöpfe sind eb
falls aus bl
grau
Kunstst
Beide
schenbe
sind
sandfar
nem St
der a
für die
nentas
verwen
wu

An
der re
ten B
der Tarn
se wird
maschinen
stickte Hoheits
zeichen der L
waffe aus sil
grauem Garn
blaugrauer Unte
ge getragen. Die
nehmbaren Schul
klappen des O
wachtmeisters s
aus blaugrau
Grundtuch gefert
sie sind mit der Un
offiziertresse und
beiden Sterne verseh
die seinen Dienstg
kennzeichnen und in
roten Waffenfarbe
Sturmgeschütze vo
stoßen; die Befestigur
schlaufen sind aus T
stoff und die Knöpfe
sprechen jenen der Sei
taschen. Die am Krag
rand angesteckten
tenköpfe (Abzeichen
die gepanzerten Trup
der Wehrmacht) sind
gentlich unvorschri
mä

Sturmgeschützbatterie, 1943

)ie Einheitsfeldmütze ist ıus blaugrauem Grundtuch ;efertigt; die beiden kleinen Metallknöpfe, mit denen der Jmschlag geknöpft ist, sind ılaugrau lackiert. Hoheits-abzeichen und Kokarde sind ıuf einer gemeinsamen, tra-ɔezförmigen Unterlage auf-;estickt.

Die Fliegerbluse aus blaugrauem Tuch wurde von der Firma Holz-Binkowski in Berlin gefertigt; sie wird mit vier blaugrauen Kunststoffknöpfen geschlossen, die durch eine Knopfleiste verdeckt sind. Der Kragen kann durch eine Haken-Ösen-Verschluß hochgeschlossen werden. Zum Engerstellen der Ärmel dient eine Stoffstrippe, die durch einen Schlitz verläuft und auf der Außenseite geknöpft wird. Die leicht schräg eingesetzten Seitentaschen sind mit abgerundeten, knöpfbaren Taschenpatten versehen.

Die Schulterpartie und der Rücken sind mit dunkelgrauer Kunstseide gefüttert. In der unteren Ecke des rechten Vorderteils findet sich eine Tasche aus Futterstoff für Verbandpäckchen. Fünf kleine Hornknöpfe im Kragen dienen zum Einknöpfen der Kragenbinde; die gekörnten Metallknöpfe der Taschenpatten und zum Anbringen der Schulterklappen sind blaugrau lackiert.

)ie Pistole 38 les Unteroffi-ːiers wird in ei-ıer »Kofferta-sche« am Kop-ɔel getragen, las mit einem -uftwaffen-Koppelschloß ıus Alumini-ım geschlos-sen ist.

Das an der Fliegerbluse getragene Hoheitsabzeichen und die Schulterklappen entsprechen denen der Tarnbluse. Der Kragen ist mit Unteroffiziertresse aus hellem Aluminiumgespinst eingefaßt; anstelle der Luftwaffen-Kragenspiegel werden auch hier wieder die Totenkopf-Abzeichen der gepanzerten Truppen aus Aluminium getragen – ein »halboffiziöses« Truppenkennzeichen der Angehörigen der 3. Sturmgeschützbatterie innerhalb der Panzerjägerabteilung (L) 5. An der linken Brust trägt der Artillerist das EK I und das Erdkampfabzeichen der Luftwaffe; der Kubanschild wird am linken Oberarm getragen.

n der Hand ıält der)berwacht-neister[2] Kopf-ıörer und Kehlkopf-nikrofon der Bordfunkan-age seines Sturmge-chützes.

AdÜ.: Bezeichnung für einen)berfeldwebel der Artillerie, zu er die Sturmgeschütze gehör-en.

n den gekürzten, ungenagelten Aarschstiefeln stecken feld-;raue Tuchhosen.

Unten: Das von Prof. von Weech aus Berlin entworfene Erdkampfabzeichen der Luftwaffe wurde vom Reichsminister der Luftfahrt und Oberbefehlshaber der Luftwaffe, Reichsmarschall Göring, am 31. März 1943 gestiftet. Umgeben von einem ovalen Eichenlaubkranz, zeigt die Auszeichnung einen aus einer Wolke zur Erde fahrenden Blitz, wobei auf die Wolke das Hoheitsabzeichen der Luftwaffe aufgenietet ist. Das Abzeichen wurde an Angehörige der Luftwaffe verliehen, »…die in vorderster Linie kämpfend an mindestens drei an verschiedenen Tagen durchgeführten Kampfhandlungen [gemeint sind Erdkämpfe] tapfer teilgenommen haben… «. Bei dem hier gezeigten Exemplar ist die Brünierung des Mittelteils fast völlig abgerieben worden.

Infanterist im Winteranzug,

Links: Um das Hören zu erleichtern, hat die Kopfhaube eine runde Aussparung im Ohrbereich. Diese Kopfhaube wird mit einem Gurtband im Halsteil geschlossen und schützt den Hals, den Nacken und einen Teil des Gesichts. Der Stempel rechts auf der Innenseite gibt den Hersteller und die Größe an.

Nachdem im Vorwinter endlich ein tauglicher Winteranzug an die Truppe ausgegeben worden war – weiß auf der einen und mausgrau auf der anderen Seite – wurde im Herbst 1943 dieser wendbare Wintertarnanzug eingeführt, bei dem die graue Seite gegen ein Tarnmuster ersetzt wurde. Dieser Anzug, der sehr bequem war und die Wärme ausgezeichnet hielt, wurde nur an im Felde stehende Truppenteile ausgegeben.

Unten: Der Hosenschlitz der Winterhose ist außen gegengeknöpft. Die vier Knöpfe sind aus Kunststoff, während die Taschenpatten mit Metallknöpfen verschlossen werden. Die Hosenträger sind hinten angenäht und werden vorne eingeknöpft.

Diese Form der Pelzmütze (h
mit Kaninchenfell gefüttert)
nur eines von vielen verwende
Muste

Auch die Jacke des Winterta
anzuges wird hier mit der D
farben-Tarnung nach außen
tragen. Das Tarnmuster e
spricht dem der Zeltbahn
der sogenannte »Buntfarben
druck« zeigt scharf abgegrenz
dunkelgrüne und brau
Flächen auf hellgrün
Grund mit darüber
laufenden, dun
grünen »Reg
tropfe

Die Fausthandschuhe aus Tarnstoff sind ebenfalls mit Kaninchenfell gefüttert. Die Stulpen werden mittels Gurtband engergestellt.

Die wattierte Winterhose wird hier mit der im Heeres-Splittermuster gehaltenen Seite nach außen getragen. Obwohl die Hose aus dem gleichen Stoff wie die Winterjacke besteht, ist zwischen beiden Stücken ein deutlicher Farbunterschied zu erkennen. An der Verstärkung im Kniebereich läßt sich erkennen, daß es sich hier um Hosen späterer Fertigung handelt. Sie werden mittels Zugbändern über den Stiefeln gebunden.

Karabiner 98k mit Winterabzug.

1943–44

i entsprechenden Witte-
ıgsverhältnissen dient der
nteranzug gleichzeitig als
hneetarnanzug und wird
nn mit der weißen Seite
ch außen getragen. Die
f den Oberarmen sichtba-
ı, napfförmigen Leichtme-
lknöpfe (auf beiden Seiten
r Uniform) dienen zum An-
öpfen farbiger Armbinden
s Erkennungszeichen).

en der üblichen
pelausrüstung
t der Schütze
h seinen Stahl-
n (mit jeweils
sendem Tarnü-
zug) und eine
lhandgranate 24
Koppel.

Die einreihige, wattierte Winterjacke besteht aus dickem Baumwollstoff (*siehe auch Seite 31*). Die Metallknöpfe auf der »Winterseite« sind natürlich weiß lackiert.

Dank des aufsteckbaren Winterabzugs am Karabiner kann der Soldat seine Waffe auch mit angezogenen Fausthandschuhen abfeuern. Spätere Ausführungen des wattierten Handschuhs waren mit abgeteiltem Zeigefinger gearbeitet, was das Betätigen des Abzugs noch einfacher machte.

Zwei Ausführungen der bei großer Kälte ausgegebenen Filzstiefel. Sowohl der Fuß als auch das untere Drittel des Schaftes sind außen mit braunem Leder besetzt; man beachte die unterschiedlichen Verschlüsse an den Schaftenden.

1944

Fallschirmjäger,

Links: Dieses »khakibraune« Tropenhemd verfügt über lange Ärmel; der Brustschlitz reicht bis zur Taille und wird mit vier sandfarbenen Kunststoffknöpfen geknöpft. Die beiden Brusttaschen, die mit Feldblusenknöpfen geschlossen werden, weisen Mittelfalten und leicht geschweifte Patten auf. Über der rechten Tasche wird ein in sandfarbenem Garn gewebtes Hoheitsabzeichen der Luftwaffe auf dreieckigem, khakibraunem Grund getragen. An dem Hemd sind zudem die Schulterklappen des Stabsfeldwebels aufgeschlauft. Der Fallschirmjäger-Stahlhelm ist zur besseren Tarnung sandfarben gespritzt worden.

Am Fallschirmjäger-Stahlhelm ist
Tarnnetz angebracht, wie es in
letzten beiden Kriegsjahren hä
verwendet wu

Zur Bewaffnung gehören e
Stielhandgranate 24 und
Maschinenpistole 40, de
Magazine in der olivbrau
Segeltuchtasche an der re
ten Hüfte stecken. Das an
Angehörigen der Luftw
ausgegebene Lederzeug
diesem Fall das Koppel
die Pistolentasche für
P08) war häufig aus dun
braunem Le

An der Italienfront wurde am 15. Februar 1944 das alte Benediktinerkloster von Monte Cassino – gegründet vom Hl. Benedikt von Nursia im Jahre 525 – durch alliierte Bomber völlig zerstört[1]. Kurze Zeit später besetzten die Männer der 1. Fallschirmjäger-Division, die bis dahin in der gleichnamigen Stadt gelegen hatten, die Ruinen und hielten sie bis Mitte Mai gegen einen übermächtigen Gegner. Die auf dem italienischen Kriegsschauplatz eingesetzten deutschen Fallschirmjäger trugen eine Mischung der Standard-Luftlandeausrüstung und Bekleidungsstücken, die bereits während des Feldzuges in Afrika verwendet wurden.

[1] AdÜ.: Die unersetzbaren Kunstwerke, die sich im Kloster befunden hatten, konnten dank der Initiative des deutschen Oberstleutnants Schlegel vor der Vernichtung gerettet und in den Vatikan in Sicherheit gebracht werden.

Das 3. Modell der Fallschirmjäger-Bluse (hier im Luftwaffe-Splittermuster) ist aus festem Baumwollstoff gefertigt und nicht wendbar. Das Kleidungsstück wird vorne herab durch einen Reißverschluß geschlossen, der durch eine Leiste verdeckt wird; dies gilt auch für die beiden Beintaschen und die schräg eingesetzten Brusttaschen. Bei diesem Modell ist in Höhe der rechten Gesäßbacke eine Tragevorrichtung für die Signalpistole aufgenäht (*vgl. Seite 15*), während sich hinten links eine Schlaufe zum Sichern des Klappspatengriffes befindet. Die Beinansätze können, wie hier, mit Druckknöpfen geschlossen werden, lassen sich aber auch offen tragen. Das einzige an dieser Bluse getragene Abzeichen ist das Luftwaffen-Hoheitsabzeichen (silbergrau auf graublauem Grund) an der rechten Brust.

Die Tropen-Überfallhose der Luftwaffe entspricht exakt dem auf *Seite 47* beschriebenen Stück.

Monte Cassino 1944

chts: Obwohl bereits 1943
geschafft, ist am feldgrau
kierten Stahlhelm immer
ch das Hoheitsabzeichen
Luftwaffe zu sehen. An
ner Brust trägt der Por-
ee-Unteroffizier das
I[2] und das Fallschirm-
ützenabzeichen.

dÜ.: Eigentlich müßte der
n daher auch das Ordensband
EK II an der Bluse tragen, das
das EK I Voraussetzung war;
h auch auf zeitgenössi-
en Aufnah-
sieht man
fig, daß
uf ver-
tet
de.

Das 2. Modell der Fallschirmjäger-Stiefel wird vorne durch zwölf Metallösen geschnürt; die Absätze der ungenagelten, schwarzledernen Stiefel weisen eine breite Kerbe auf – für die Skibindung!

Auch die hier gezeigte Kombination von Fliegerbluse und Fallschirmjäger-Hose war in Monte Cassino häufig zu sehen. Die hervorragend gearbeitete, graublaue Bluse wird mit den Dienstgradabzeichen eines Stabsfeldwebels getragen: Unteroffiziertresse um den Kragen und vier Doppelschwingen aus Weißmetall an den goldgelben Kragenspiegeln, bzw. die drei Sterne auf den ringsum mit Tresse besetzten Schulterklappen aus Grundtuch, die ebenfalls in der Waffenfarbe der Fallschirmtruppe vorgestoßen sind. Das Hoheitsabzeichen ist auch hier wieder aus silbergrauem Garn auf graublauer Unterlage maschinengestickt.

Die feldgraue Fallschirmjäger-Hose kann entweder mit einem Gürtel oder mit Hosenträgern getragen werden. Seitentaschen und Uhrtasche verfügen über geschweifte Taschenpatten, die mit einem Druckknopf geschlossen werden; die Taschenpatten der beiden Gesäßtaschen hingegen werden mit Knopf und Knopfloch geknöpft. Auf beiden Seiten ist in Kniehöhe ein ca. 20 cm langer, durch drei Druckknöpfe verschlossener Eingriff (nur der linke ist hier zu sehen), durch den die beim Sprungdienst unter der Hose getragenen Knieschützer entfernt werden können – die aufgrund des spezifischen deutschen Landefalls wahrlich erforderlich sind. Direkt über dem Eingriff am rechten Knie ist die Kappmessertasche zu sehen, die durch eine keilförmige Patte mit zwei Druckknöpfen geschlossen wird. Mit den unten an den Hosenbeinen angenähten Bändern wird die Hose über den Knöcheln gebunden und dann über die Stiefelenden gelegt.

Die Felduniform 44

Der für die Bluse, bzw. die Hose verwendete Stoff weist zwei unterschiedliche Nuancen von »Feldgrau 44« auf. Die Bluse wird vorne durch sechs grau lackierte Aluminiumknöpfe geschlossen, von denen zwei auf dem ca. 10 cm breiten Bund sitzen. Wenn der Kragen hochgeklappt wird, läßt er sich mittels einer Stofflasche unter der linken Seite und einem entsprechenden Knopf unter der rechten Seite knöpfen. Die Taschenpatten der Brusttaschen sind rechtwinklig geschnitten und unten leicht abgerundet. Der Schlitz in der hinteren Ärmelnaht (in der Rückansicht zu erkennen) kann mit einem Knopf und zwei Knopflöchern verengt, bzw. geschlossen werden. In der oberen Hälfte ist die Bluse mit grauem Futterstoff gefüttert, in den auch die beiden knöpfbaren Innentaschen eingesetzt sind. Das mausgraue Hoheitsabzeichen auf dreieckigem, dunkelgrauen Grund ist nicht gewebt, sondern gedruckt (wurde erst gegen Kriegsende eingeführt). Auf dem Kragen sind ebenfalls mausgraue Einheitslitzen ohne Patten aufgenäht. Die schlechte Stoffqualität der in der wiesengrünen Waffenfarbe der Panzergrenadiere vorgestoßenen, abnehmbaren Schulterklappen ist typisch für die Endphase des Krieges.

Auf dem Karabiner 98k ist eines der neuen (Versuchs-) Seitengewehre S42 aufgepflanzt.

Links: Unser Panzergre
dier trägt eine Einhei
feldmütze mit vorschrif
mäßigem Hoheitsabz
chen und Kokard

Koppel, Tragehilfe u
Patronentaschen si
aus schwarzem Led
Das Koppelschloß
grau lackie

Quer über
Brust verlä
das Trageba
der Gasmask
büch

Für die kur
Stoffgamasch
wurde olivfarbe
Segeltuch verw
det, das an der Un
kante lederverstä
ist. Die Schnürsti
aus naturbraunem Le
werden durch neun P
Schnürlöcher geschn

Im Frühjahr 1943 beschloß das OKW (Oberkommando der Wehrmacht) eine neue, einheitliche Uniform einzuführen, und bereits im Sommer des Jahres wurden geeignete Modelle im Truppenversuch bei der 17. und 73. Infanteriedivision, der 78. »Sturmdivision«, der 28. und 104. Jägerdivision, der 2. Gebirgsdivision, der 16. Panzerdivision und der Ersatzbrigade »Großdeutschland« erprobt. Die Kommandeure dieser Verbände wurden angewiesen, dem Oberkommando über die Ergebnisse dieser Versuche und die ihrer Meinung nach erforderlichen Veränderungen und Verbesserungen zu berichten. Anfang Juli 1944 wurde dann das endgültige Modell gewählt und mit Verfügung vom 25. September 1944 als »Felduniform 44« eingeführt. Die Farbe für die neue Uniform – die sich beträchtlich von den sonstigen Uniformen der Wehrmacht unterschied und eher an den britischen *Battle Dress* erinnerte – wurde während der Erprobungsphase noch als olivbraun, mit der Einführung jedoch als »Feldgrau 44« bezeichnet. Bedingt durch die angespannte Rohstofflage in Deutschland konnte dieser Farbton jedoch recht unterschiedlich ausfallen. Auch im Schnitt der Uniform kamen Abweichungen vor, besonders bei den Schneideranfertigungen für Offiziere.

Links: Ab November 1944 wurden die Brotbeutel einfacher gefertigt. Unter anderem wurde eine knöpfbare Tasche für das Gewehrreinigungsgerät aufgenäht, das hier zusammen mit einer Fettbüchse aus gelblichem Bakelit, dem Eßbesteck und einem Seitengewehr 42 in seiner Scheide zu sehen ist.

des Heeres

r Stahlhelm 42 ist feld-
au gespritzt.

Die D-Ringhaken des Gurtbandtragegerüstes sind in die D-Ringe des Koppeltragegestells eingehakt; an dem trapezartigen Gerüst sind das Kochgeschirr und darunter der Beutel aus Brotbeutelstoff (rechtes Bild) angeschnallt, der jedoch in der Rückenansicht von der Zeltbahn verdeckt wird; alle Metallteile sind aus grauem Leichtmetall. Der Brotbeutel, an dem auch die Feldflasche hängt, ist hinten am Koppel aufgeschlauft. Darüber kommt die Gasmaskenbüchse mit angeschnallter Gasplane zu liegen, während an der linken Hüfte der Spaten in seiner Spatentasche getragen wird. Aus der zusammengerollten und festgeschnallten Zeltbahn hängen die Seilschlingen der Leichtmetallhäringe heraus.

Die olivbraune Feldhose 44 ist als Rundbundhose gearbeitet und kann entweder mit Hosenträgern oder einem Gürtel getragen werden (*siehe umseitig*); für letzteren waren um den Bund herum sechs schmale Gürtelschlaufen angenäht. Der Hosenschlitz wird mit vier kleinen Hornknöpfen geschlossen, ein fünfter Knopf sitzt auf dem Bund. Die Seitentaschen sind schräg eingesetzt und verfügen über knöpfbare Taschenpatten, wie die Uhrtasche und die beiden Gesäßtaschen auch, von denen die linke für das Verbandpäckchen gedacht war. Bei diesem Stück sind Futter und Taschenbeutel aus weißer Baumwolle. Die Beinenden dieser Hose können durch Zugschnüre im Beinsaum verengt werden. Auf der Feldhose liegen ein Hosengürtel und ein Koppel, beide aus olivfarbenem, steifem Gurtband, das mit Leder kombiniert ist; zum Einstellen der Leibweite ist die Schnallzunge des Koppels mit sieben Paar Schnalllöchern versehen, die für die Zweidornschnalle des graulackierten Koppelschlosses gedacht sind.

Die Felduniform 44 des Heeres

Oben: Das Mehrzweck-Kampfmesser und Seitengewehr S42 hat eine Gesamtlänge von 29,5 cm. Die Griffschalen sind aus Bakelit, sämtliche Metallteile aus Stahl. Die Klinge ist nur einseitig geschliffen. Im Griff ist ein Mehrzweckwerkzeug untergebracht, das außer einem Korkenzieher noch einen Dosenöffner eine Ahle mit »Nadelöhr« und einen Schraubenzieher mit einer Kerbe (zum Abziehen von Kabeln) umfaßt. Auch dieses Werkzeug besteht aus hochwertigem Stahl und ist hervorragend verarbeitet; die einzelnen Teile sind mit Nieten befestigt. Die schwarzlackierte Stahlscheide des Seitengewehrs verfügt auf der Rückseite über einen Metallclip, mit dem sie sich auch an der Kleidung, den Stiefeln u.ä. festklemmen läßt.

Rechts: Das graugrüne Stoffhemd hat einen mit vier Knöpfen verschließbaren Brustschlitz und aufgesetzte Brusttaschen mit einer geknöpften Patte. Sämtliche Knöpfe, auch die an den Ärmelmanschetten, sind aus dunkelgrauem Kunststoff gefertigt. Das bequem geschnittene Hemd reicht bis zu den Oberschenkeln, und dank der Schlaufen auf der Schulter können Schulterklappen dazu getragen werden. Seine Erkennungsmarke trägt der junge Panzergrenadier an einer schwarzen Trageschnur um den Hals.

Links: Diese späten Hosenträger aus dünnem, olivgrünem Material können mit Hilfe der Schnallen auf der Vorderseite verpaßt werden. Die Gürtelschnallen der beiden Hosengürtel, beide aus olivfarbenem Gurtband, sind verchromt. Die ledernen Endstücke können schwarz, braun oder naturfarben sein.

Rech
Major des Heere
Führerhauptquarti
siehe Seite 8

Oberfeldwebel der 116. Panzerdivision

Der Portepee-Unteroffizier hat das Abzeichen seiner Division, den springenden Windhund, an der linken Seite seiner schwarzen Einheitsfeldmütze angesteckt. Dieses halboffizielle Divisionsabzeichen ist mit zwei Stiften befestigt (es gibt auch Ausfertigungen, die statt der beiden Stifte zwei Löcher zum Festnähen aufweisen). Es ist schwarz emailliert, nur das Motiv und die Umrandung wurden blank gelassen. Dieses Abzeichen wurde, entgegen der Vorschrift, von allen Divisionsangehörigen an der linken Seite der Kopfbedeckung getragen. Hoheitsabzeichen und Kokarde sind auf einem T-förmigen schwarzen Grund aufgewoben. Im August 1942 wurden für alle Bekleidungsstücke ohne Schulterklappen neue Dienstgradabzeichen eingeführt, die am linken Oberarm zu tragen waren. Hier die vier grünen Streifen auf schwarzem Grund für einen Oberfeldwebel, ausgeführt im Stoffdruckverfahren.

Zu jeder Einheit des Feldheeres (Kompanie, Batterie, usw.) gehörte auch ein Schneider. In ruhigeren Zeiten konnte dieser seine künstlerische Ader ausleben und für die Angehörigen seiner Einheit Bekleidungsstücke anfertigen, oder umändern, die nicht immer ganz den Bekleidungsvorschriften entsprachen, wobei z.T. außerordentlicher Einfallsreichtum und Geschick gezeigt wurden. Eines der beliebtesten Ausgangsmaterialien für die diversen »Kreationen« war Wehrmachts-Tarnstoff, wie er auch für Zeltbahnen verwendet wurde. Unsere im Herbst 1944 angesiedelte Rekonstruktion stellt einen Angehörigen der 116. Panzerdivision – die berühmte »Windhunddivision« – in der Nähe von Aachen dar. Die gezeigten (Tarn-) Uniformen sind ausnahmslos Sonderanfertigungen.

Der Oberfeldwebel trä eine stark ausgebliche Einheitsfeldmütze a Zeltbahnstoff, deren U schlag an der Vorderse mit zwei Leichtmet knöpfen geknöpft ist. D mausgraue Hoheitsab chen und die Koka sind zusammen auf fe grauen, dreieckigen tergrund gewob

Der Panzermann hat einen getarnten, einteiligen Schutzanzug über seinen schwarzen Feldanzug und das graue Trikothemd gezogen. Der Overall, der mit neun Kunststoffknöpfen geschlossen wird, verfügt über eine verdeckte Knopfleiste. Die aufgesetzte Brust- und die Beintasche verfügen über keine Taschenpatten. Die Ärmelmanschetten sind durch knöpfbare Strippen zu verengen. Die einzige Ausrüstung, die er trägt, ist die P08 in ihrer Pistolentasche am Koppel, das mit einem graulackierten Koppelschloß geschlossen wird.

Links: Das ebenfalls inoffizielle Kfz-Hoheitszeichen eines Offiziers der 116. Panzerdivision zeigt einen springenden Windhund auf schwarzem Grund; das Mützenabzeichen für die Divisionsangehörigen liegt darüber. Oberhalb der Spitze der Flagge liegt eine Kragenpatte für Panzerbesatzungen, darunter die Schulterklappe eines Oberfeldwebels. Links unten ist ein Panzer-Kampfabzeichen in Silber zu sehen, das für mindestens drei Gefechtseinsätze an drei verschiedenen Tagen verliehen wurde.

Sch
led
unbes

Ma
st

Aachen 1944

Links: Bei dieser Jacke hat dem Kompanieschneider vermutlich die schwarze Feldjacke als Vorbild gedient; zeitgenössische Aufnahmen beweisen, daß diese Stücke oft auch im Einsatz getragen wurden. Der linke Vorderteil wird mit vier Leichtmetallknöpfen auf der rechten Seite geknöpft. Die Kragenecken sind um einiges größer und spitzer als beim Vorbild; dieses, besonders um die Schultern und die Brust weit geschnittene Uniformstück war sicherlich dazu gedacht, über der schwarzen Uniform getragen zu werden. Die Ärmelmanschetten sind geknöpft; die Jacke ist nicht gefüttert, hat keine Innentaschen und auch keine Dienstgradabzeichen, was für diese Art von Uniformen nicht ungewöhnlich ist.

Rechts: Hier nun ein Hemd aus leichtem Tarnstoff, mit einem durch zwei Knöpfe verschließbaren Brustschlitz. Zu diesem hervorragend gearbeiteten Stück trägt der Oberfeldwebel die rosa vorgestoßenen Schulterklappen von der Panzerjacke, mit der Tresseneinfassung und den zwei Weißmetallsternen, die seinen Dienstgrad kennzeichnen. Die beiden aufgesetzten Brusttaschen sind mit rechteckigen Taschenpatten versehen, die mit Feldjackenknöpfen verschlossen werden. Die im Feld gefertigten Uniformen weisen in Stil und Schnitt eine erstaunliche Vielfalt auf.

Die weit geschnittene Hose des zweiteiligen Schutzanzuges, der ebenfalls über der schwarzen Uniform getragen werden kann, ist aus hellgrauem Drillich gefertigt; sie wird durch anknöpfbare Hosenträger gehalten und läßt sich an beiden Hüften durch Schnallgurte engerstellen. Die eingesetzten, schrägen Taschen werden von dreieckigen Patten bedeckt; die Gesäßtasche auf der rechten Seite wird zwar auch geknöpft, verfügt jedoch über keine Taschenpatte. Sämtliche Knöpfe sind aus schwarzem Kunststoff.

»Panzerknacker«,

Links: Die Feldmütze aus feldgrauem Grundtuch verfügt über kein Lüftungsloch; sowohl das mausgraue Hoheitsabzeichen als auch die Kokarde sind auf feldgrauem Grund gewebt. Die schilfgrüne, leichte Sommer-Feldbluse (Privatanfertigung) ist mit einem bläulich-dunkelgrünen Kragen ausgestattet worden, auf dem die Unteroffiziertresse und mausgraue Einheitslitzen (auf Kragenpatten in Abzeichentuch und ohne waffenfarbenen Litzenspiegel) aufgenäht sind. Der Schnitt ist wie bei der Feldbluse, d.h. fünf Knöpfe entlang der Vorderseite, Quetschfalten an Brust- und Seitentaschen, geschweifte Taschenpatten und Haken-Ösen-Verschluß am Kragen. Am rechten Oberarm wird ein »Sonderabzeichen für das Niederkämpfen von Panzerkampfwagen durch Einzelkämpfer« getragen; das Abzeichen besteht »… aus einem Band aus Aluminiumgespinst […] mit zwei eingewirkten schwarzen Streifen […], auf dem die aus Blech gestanzte Silhouette eines Panzerkampfwagens[1] angebracht ist«. Dieser Panzervernichtungsstreifen wurde an Soldaten verliehen, die als Einzelkämpfer einen feindlichen Panzer (oder sonstiges gepanzertes Fahrzeug) mit Nahkampfwaffen oder Nahkampfmitteln vernichteten; dieses Abzeichen konnte – bei Erfüllung der Voraussetzungen – an Soldaten aller Teilstreitkräfte verliehen werden.

[1] AdÜ.: … und zwar die eines deutschen Panzer IV.

Am 25. August 1944, um 09.30 Uhr gehen zwei ausgeblutete Kompanien der 346. Infanteriedivision außerhalb von Epaignes in Stellung, ganz in der Nähe des normannischen Städtchens Corneilles. Kurze Zeit später läuft ein Aufklärungsunternehmen der britischen *49th (West Riding) Infantry Division* in die deutsche Verteidigungslinie auf und scheitert unter hohen Verlusten.

Die robusten, olivgrünen Segeltuchgamaschen werden mit braunledernen Schnallriemen geschlossen. Der Brotbeutel ist aus olivfarbenem Stoff gefertigt; die Mantelriemen sind, wie auch die Beriemung der Feldflasche, aus Webgurt und werden mit Klemmschnallen geschlossen. Die ursprünglich sandfarbene Gasmaskenbüchse erhielt nachträglich noch eine Tarnbemalung mit brauner und olivgrüner Farbe. Der Trinkbecher der Feldflasche ist völlig blankgerieben; die beiden unter den Ausrüstungsgegenständen liegenden Zeltbahnen 31 *(links)* zeigen die beiden Seiten des Ausrüstungsstücks mit dem dunkleren (unten) und dem helleren Buntfarbenaufdruck (oben) des Heeres-Splittermusters. Abgesehen von diesem farblichen Unterschied ist das Muster auf beiden Seiten gleich.

Die abnehmbaren Schult
klappen aus Abzeichentu
sind mit Unteroffiziertres
besetzt und in der weiß
Waffenfarbe der Infante
vorgestoßen. Das Hoheits
zeichen des Heeres an d
rechten Brust ist auf Abz
chentuch aufgestick

Das Trageband
Gasmaskenbüch
läuft über die lin
Schult

An dem schwar
dernen Koppel s
zwei Magazin
schen (mit ins
samt sechs
Schuß-Magazin
für die MP40
Unteroffiziers
geschlauft, in
das Koppeltra
gestell eingeh
wurde, um de
Gewicht besse
verteilen. Im K
pel steckt e
Stielhandgran
24, an der lin
Brusttasche ist
ne Eihandgran
39 eingehän

Die schwarzle
nen Schnürsti
zeigen starke
brauchsspuren;
werden unten
zum Fußgele
durch fünf Sch
löcher geschn
und darüber
vier schwa
lackierten Sch
hak

Normandie 1944

Auf die ebenfalls sandfarbene Lackierung des Stahlhelms 42 sind unregelmäßige, dunkelgrüne Farbflecken aufgebracht worden; zum Einstecken von Tarnmaterial wurde Maschendraht am Helm befestigt.

Das Heeres-Tarnhemd ist aus leichtem Baumwollmaterial und läßt sich um die Taille mit einem Band engerstellen. An den Ärmeln sind zu diesem Zweck knöpfbare Strippen angebracht. Das weite Tarnhemd hat eine großzügig geschnittene Kapuze, aber keinen Gesichtsschleier (*vgl. Seite 118*); der einfache Brustschlitz wird mit einer Schnur geschlossen, die durch je sieben umnähte Schnürlöcher läuft. Die beiden senkrechten Eingriffe in Bauchhöhe sind durch Taschenpatten verdeckt. Bei dem Tarnmuster handelt es sich um eine frühe Version des Heeres-Sumpfmusters.

Die Tarnhose ist vom Kompanieschneider aus Zeltbahnstoff gefertigt worden. Das als Überhose konzipierte Stück wird um die Hüfte durch eine Kordel gehalten, die in einem Durchzug im Saum läuft; die Hose besitzt weder Taschen noch einen Hosenschlitz.

Der Klappspaten steckt in einer Tragetasche aus Kunstleder und Leder. Das lederne Koppeltragegestell für Infanterie ist nur auf der Außenseite geschwärzt. Die rund drei Kilogramm schwere Hohlladung der Panzerfaust 60 konnte jede damals übliche Panzerung durchschlagen; sie war eine Einwegwaffe.

Offizier der Sturmartillerie

Der Kessel von Falaise schloß sich am 19./20. August 1944. Dieser Leutnant hat es geschafft einige Sturmgeschütze zu sammeln – alles was noch von den sich zurückziehenden Batterien übrig geblieben ist. Alliierte Jagdflugzeuge beherrschen den Himmel, und die deutschen Fahrzeuge verlassen nur selten den Schutz der Hecken. Aus der Deckung heraus werden sie sich auf die Soldaten des VII. US-Korps stürzen, die Argentan umgangen haben, um den im Kessel verbliebenen Deutschen den Rückzugsweg abzuschneiden und sie daran zu hindern, bei Saint Lambert mit dem II. SS-Panzerkorps Fühlung aufzunehmen.

Der ursprünglich feldgrau lackierte Stahlhelm des Leutnants ist in der Zwischenzeit dunkelgrün gestrichen und mit einem Maschendraht zum Einstecken von Tarnmaterial versehen worden. Unter der kurzen graugrünen Jacke trägt er ein französisches Armeehemd, wie es nach 1940 in großen Stückzahlen bei der Wehrmacht verwendet wurde. Der linke Vorderteil wird mit fünf beigen Kunststoffknöpfen an der rechten Seite befestigt. Die beiden senkrechten Schlitze in Hüfthöhe sind gesäumt. Im unteren Saum ist ein Zugband untergebracht. Die Jacke ist ungefüttert. Die Ärmelschlitze sind knöpfbar und erlauben es dem Mann, seine Ärmel hochzurollen. Die Schulterstücke sind in der Armlochnaht eingenäht und in der Waffenfarbe der Artillerie vorgestoßen. Die parallelogrammförmigen Kragenpatten aus Abzeichentuch sind mit maschinengewobenen Doppellitzen für Offiziere versehen, die in den Litzenspiegeln ebenfalls die Waffenfarbe zeigen. Das gewobene Hoheitsabzeichen an der rechten Brust ist mausgrau auf bläulich-dunkelgrünem Grund.

Am schwarzledernen Leibriemen sind eine Magazintasche für die MP 40 und die P38-Pistolentasche aufgeschlauft. Um den Hals hängt ein Doppelfernrohr 7 x 70 mit Schutzdeckel für die Okulare.

Die Hose ist aus dem gleichen Stoff geschneidert wie die Jacke. Sie verfügt über eine Uhrtasche und schräg eingesetzte Seitentaschen ohne Knöpfe oder Taschenpatten. Der Hosenladen wird durch vier Leichtmetallknöpfe geschlossen, die auch zum Anknöpfen der Hosenträger verwendet werden. Auch diese Hose läßt sich in der Weite durch Schnallgurte an der Hüfte verstellen. Die Schnürstiefel aus schwarzem Leder werden durch je sieben Paar Schnürlöcher geschnürt.

Falaise 1944

Nun trägt der Sturmgeschützoffizier seine Feldmütze alter Art (a/A.), die schon 1934 eingeführt worden war. Diese ist aus feinem, feldgrauem Tuch und hat einen dunkelgrünen Besatzstreifen, auf dem der gewobene Eichenlaubkranz mit Kokarde aufgenäht ist. Der Schirm ist aus biegsamem, schwarzen Lackleder; die Deckelversteifung fehlt. Das Hoheitsabzeichen ist ein maschinengesticktes Stück für Offiziere. Sämtliche Vorstöße sind im Hochrot der Artillerie gehalten.

Links: Diese kurze Jacke für Sturmgeschützeinheiten besteht aus strapazierfähigem, schilfgrünen Tuch. Sie ist vom Schnitt her bis auf folgende Punkte mit dem auf der linken Seite gezeigten Stück identisch: Sie wird mit sieben grauen Kunststoffknöpfen geschlossen, die Machart der Kragenpatten ist unterschiedlich, die Schulterstücke sind abnehmbar, und außerdem hat diese Jacke noch eine Innentasche in der linken Brustklappe (*vgl. Seite 101*).

Das EK I und das Allgemeine Sturmabzeichen mit Einsatzzahl »25« werden an der linken Brust getragen. Das Kartenbrett in der rechten Hand des Leutnants ist nur eines von vielen verwendeten Modellen.

Die Stiefelhose ist aus gutem, steingrauen Tuch gefertigt; die hohen Stiefel, blitzblank gewienert, sind aus schwarzem Leder.

Diese Uniformkombination war völlig unvorschriftsmäßig, erfreute sich aber großer Beliebtheit bis hinauf in die Generalsränge.

Unten: Am 22. Juni 1943 wurden höhere Stufen zum Allgemeinen Sturmabzeichen eingeführt, die vor allem für Angehörige der Sturmgeschütz-, Sturmpanzer- und Panzerjägereinheiten bestimmt waren. Die hier gezeigte II. Stufe mit Einsatzzahl »25« konnte nach 25 anrechnungsfähigen Einsätzen (oder 15 Monaten Dienst an der Front) verliehen werden. Dieses ausgezeichnet gearbeitete Stück zeigt das Hoheitsabzeichen der Wehrmacht über gegeneinander gekreuzten Handgranate und Seitengewehr, umgeben von einem ovalen Eichenlaubkranz. Das Zentralmotiv – aus feinem, geschwärztem Zink – ist mit vier Nieten an diesem Kranz befestigt, der aus einer silbern gefärbten Nickel-Kupfer-Legierung besteht.

Pionierunteroffizier der Division

Der »Oberfeld« trägt eine Einheitsfeldmütze, deren Umschlag vorne mit zwei feldgrauen Metallknöpfen geknöpft ist. Das Hoheitsabzeichen und die Kokarde sind zusammen auf einem dreieckigen Grund aufgewoben. An der linken Brusttasche sind ein EK I und ein Allgemeines Sturmabzeichen angesteckt.

Über dem grauen Trikothemd wird eine Schneiderausführung der Feldbluse in grauem Baumwolltuch mit offenem Kragen und Revers getragen. Der Kragen aus bläulich-dunkelgrünem Abzeichentuch ist mit Unteroffiziertresse geschmückt. Die auf den Kragenpatten aufgenähten, gewobenen Doppellitzen zeigen Litzenspiegel in der schwarzen Waffenfarbe der Pioniere. Der Schnitt dieser Bluse entspricht weitgehend dem der Feldbluse, allerdings wird sie durch vier statt durch fünf Knöpfe geschlossen, obwohl unter dem rechten Revers ein fünfter Knopf zu sehen ist. Das an der rechten Brust aufgenähte Hoheitsabzeichen ist in silbergrauem Garn auf Abzeichentuch gewoben. Sämtliche Knöpfe sind aus gekörntem, feldgrau lackiertem Metall. Auf dem mit einem Aluminiumschloß geschlossenen Koppel ist eine Pistolentasche für die Pistole 08 aufgeschlauft.

Anfang August 1944 konnte die Panzergrenadierdivision »Großdeutschland« einen weiteren Erfolg für sich verbuchen, als sie die litauische Stadt Wilkowischken aus den Händen der Sowjets zurückeroberte. Dadurch konnte die Verbindung zur Heeresgruppe Nord hergestellt werden, deren Oberbefehlshaber, Generaloberst Ferdinand Schörner, den Angehörigen der Division persönlich zu diesem Erfolg gratulierte.

Die abnehmbare Schulterklappe (frühe, eckige Form vor Dezember 1934) ist aus Abzeichentuch gefertigt; sie ist ringsherum mit Aluminiumtresse eingefaßt und mit den beiden Rangsternen eines Oberfeldwebels versehen. Diese sind ebenso aus Weißmetall, wie das Truppenkennzeichen der Division »Großdeutschland«, ein verschlungenes, lateinisches »GD«, das dazwischen angesteckt ist. Der 3,2 cm breite Ärmelstreifen wird 15 cm über dem Ärmelrand der Bluse getragen; das schwarze Tuchband trägt den maschinengestickten, silbergrauen Divisionsnamen in lateinischer Schreibschrift.

»Großdeutschland«, Litauen 1944

chts: Zur Tarnjacke
s Heeres trägt der
teroffizier einen pas-
nden Tarnüberzug für
n Stahlhelm. Bei die-
n aus fünf Segmen-
 zusammengesetz-
 Überzug handelt es
h um das 1. Modell,
s noch ohne Laschen
n Feststecken von
nmaterial gefertigt
rde.

Für den Einsatz ist der Oberfeldwebel ausgerüstet mit einer MP 40, für die er auch eine Magazintasche am Koppel trägt, einer Pistole 08 in ihrer Pistolentasche an der linken Hüfte, und einer Kartenmeldetasche. Zusätzlich trägt er um den Hals noch ein sandfarben lackiertes Doppelfernrohr 6 x 30.

Die Rundbundhose 43 ist aus feldgrauem Grundtuch. Der Hosenschlitz weist fünf Knöpfe auf, drei aus Kunststoff und zwei aus Leichtmetall; an den Beinenden sind verstellbare Gurtbandstege angebracht. Die beiden Seitentaschen und die Gesäßtasche werden ohne Patte geknöpft, während die Uhrtasche eine knöpfbare Taschenpatte hat; der kleine Sprengring oberhalb dieser Tasche dient zum Einhängen der Uhrkette. Die vier am Hosenbund festgenähten Tuchschlaufen sind zum Durchziehen eines Hosengürtels gedacht; die beiden hinteren können auch zum Einknöpfen des Hosenträgers verwendet werden. An beiden Hüften sind kurze Schnallgurte zum Anpassen der Hose angebracht. Die untere Gesäßhälfte ist durch einen Besatz verstärkt.

 Hosenbeine
cken in schwarzle-
nen Marschstie-
.

Die wendbare Tarnjacke ist aus robustem Baumwollstoff geschneidert; die weit geschnittene Jacke wird vorne am Brustschlitz durch je fünf Schnürlöcher auf beiden Seiten geschnürt. Die beiden senkrechten Eingriffe auf der Brust, mit ihren ungeknöpften Patten, erlauben es, zu den Taschen der Feldbluse durchzugreifen (die weiße Seite der Patte trägt den Kammerstempel). Um die Taille kann die Jacke mit Hilfe des in einem Durchzug laufenden Bandes engergestellt werden. Die Ärmel lassen sich am Handgelenk durch eine knöpfbare Strippe verengen; unter den Achseln sorgt ein Entlüftungsschlitz für etwas Komfort. Das Heeres-Splittermuster der Jacke, hier die dunklere Version, wiederholt sich alle 44 cm.

Panzerschütze,

Der Gefreite trägt die schwarze Einheitsfeldmütze der Panzertruppe. Die beiden kleinen Knöpfe vorne auf dem Umschlag sind schwarz lackiert. Hoheitsabzeichen und Kokarde sind auf einer schwarzen Unterlage aufgewoben. Der Panzermann hat den Drillichanzug über die schwarze Felduniform gezogen; die Aufnahme zeigt deutlich die beiden parallelen Knopfreihen auf dem rechten Vorderteil. Die vier großen Kunststoffknöpfe werden gebraucht, wenn die Jacke für sich allein getragen wird, während die sieben kleineren Knöpfe aus Presspappe, die sich bis zum Kragen erstrecken, verwendet werden, wenn die Drillichjacke über der schwarzen Jacke getragen wird.

Der zweiteilige Schutzanzug aus schilfgrünem Drillichstoff dient gleichzeitig auch als Arbeitsanzug und Sommer-Feldanzug. Vom Schnitt her unterscheidet sich dieser ungefütterte Anzug vom schwarzen Feldanzug nur in einigen Punkten (*vgl. Seite 9 und 110):* Die beiden Knopfreihen auf dem rechten Vorderteil wurden bereits erwähnt; in der Armlochnaht ist unter den Achseln ein Schlitz zur Belüftung offengelassen, und auf der linken Brustseite ist eine große Tasche aufgesetzt, mit waagrechtem Eingriff, der mit einer geschweiften Patte geknöpft wird. In Hüfthöhe sind zwei gesäumte Schlitze eingelassen, und auf der Rückseite dienen zwei Zugbänder im Saum zum Verengen. Die rosa vorgestoßenen Schulterklappen und Kragenpatten entsprechen denen des schwarzen Anzuges, während das Hoheitsabzeichen auf grauem Grund gewoben ist.

Sommer 1944. Die Panzerkolonne macht Halt am Rande eines Wäldchens, das eine der kleinen Straßen in der Normandie säumt. Doch die Bäume bieten nur wenig Schutz und die Sonne steht schon recht hoch. Einige der Panzermänner, die nun aus ihren Panzer IV springen, tauchen in Hemdsärmeln auf, ein paar ihrer Kameraden tragen noch die zweiteiligen, schilfgrünen Schutzanzüge über ihren schwarzen Panzeruniformen.

Links: Schwarzlederne Marschstiefel mit gekürztem Schaft. Absatzeisen und Anordnung der Stiefelnägel sind gut zu erkennen.

Normandie 1944

Links: Das dunkelgraue Trikothemd wird vorne herab durch vier Knöpfe aus Presspappe geschlossen; die rechteckigen Patten der Brusttaschen werden mit den gleichen Knöpfen geknöpft wie die Ärmelbündchen. Das Tragen von Hoheitsabzeichen und Dienstgradabzeichen (hier beide auf schwarzem Grund) zu diesem Hemd ist eher ungewöhnlich, ebenso auch das Panzer-Kampfabzeichen in Silber, das an der linken Brusttasche durch zwei Zwirnösen gesteckt wurde.

Das Koppelschloß ist feldgrau lackiert; die Pistolentasche für die P 38 ist eine spätere Ausführung. In der »Praxis« wurde die Pistole oft in der Hosentasche getragen und im Panzer auf das Überschallkoppel verzichtet.

Die Hose des schilfgrünen Schutzanzuges ist so geschnitten, daß auch sie über einem anderen Paar Hosen getragen werden kann. Sie wird im Bund durch ein schwarzes Gurtband und eine Dreidornschnalle geschlossen; eine Gürtelschlaufe an der linken Vorderseite soll das Koppel halten. Die Hose hat fünf Taschen: Zwei asymmetrisch geschnittene Seitentaschen, die mit geschweiften Patten geschlossen werden (in der rechten Tasche steckt ein Kehlkopfmikrofon, dessen Kabel unter dem Koppel festgeklemmt ist); eine große aufgesetzte Tasche am linken Oberschenkel, ebenfalls mit geschweifter knöpfbarer Patte; und zwei eingesetzte Gesäßtaschen. Zwei Schlitze in der Seitennaht (hier nicht zu erkennen) erlauben den Durchgriff zu den Hosentaschen unter dem Schutzanzug. Die Beinenden laufen unten keilförmig zu und werden im Knöchelbereich durch zwei Hornknöpfe geschlossen.

Oben: Wenn die schwarze Feldjacke hochgeschlossen getragen wird, bietet sie diesen Anblick. Der Gefreitenwinkel am linken Oberarm ist auf einer schwarzen Unterlage aufgenäht.

Zugführer der Infanterie,

Links: Auf der Vorderseite der Einheitsfeldmütze sind das Hoheitsabzeichen und die Kokarde – die zusammen auf einem dreieckigen Grund gewoben sind – aufgenäht. Am vorderen und unteren Rand des Kragens wird die Unteroffiziertresse getragen; die späten Einheitslitzen sind direkt, ohne Kragenpatten, auf dem schilfgrünen Kragen aufgenäht. Auch die abnehmbaren Schulterklappen sind aus Grundtuch gefertigt, mit dem weißen Vorstoß der Infanterie. Der Dienstgrad wird durch die Tresse und den einzelnen Stern aus Weißmetall angezeigt. Das in mausgrauem Garn gewobene Hoheitsabzeichen auf der Brust ist mit beigem Faden festgenäht. Unter der Drillichbluse wird ein graues Stoffhemd ohne Brusttaschen getragen; dessen Knöpfe sind aus Presspappe.

Links: Am Tragerien des um den Hals h genden Doppelfernro 6 x 30 ist auch schwarze Regensch deckel angebracht. einer Lederlasche ist ne Feldtaschenlan an der linken Schul klappe festgeknö

Am 9. Juni 1944 lieferten sich die Grenadiere des Infanterieregiments 916, das zur 352. Infanteriedivision gehörte, heftige Gefechte mit den GIs der amerikanischen 2. Infanteriedivision. Die Deutschen, die sich eingegraben hatten, hielten den Abschnitt zwischen Bérigny und Saint-Georges-d'Elle, südwestlich des Waldes von Cerisy. Die Ostfront-Veteranen nutzten das Gelände so gut es ging aus und begegneten erfolgreich jedem Versuch der Amerikaner, ihre Linien zu durchbrechen und weiter in Richtung Süden vorzustoßen.

Rechts: Der Fernrohr-Behälter aus braunem Bakelit wird zusammen mit Spaten, Stielhandgranate und Magazintasche am Koppel getragen. An dem über die rechte Schulter laufenden Trageband hängt die Gasmaskenbüchse.

Der Zugführer trägt den schilfgrünen Drillichanzug, der auch als Sommer-Feldanzug verwendet werden kann. Die Bluse entspricht in Schnitt und Ausstattung der Feldbluse; allerdings sind die Taschen ohne Quetschfalten und die Bluse ist nur in der Schulterpartie und unter den Armlochausschnitten gefüttert. Die Hose entspricht ebenfalls weitgehend der Tuchhose, nur daß am Hosenschlitz und zum Einknöpfen der Hosenträger napfförmige Knöpfe aus Leichtmetall verwendet werden.

Links: Die Spatentasche aus sandfarbenem »Preßstoff« (imprägnierte Pappe) verfügt über zwei lederne Aufschiebeschlaufen, mit denen sie auf dem Koppel aufgeschlauft werden kann. Der am Rahmen befestigte lange Schnallriemen ist lang genug, um den Spatenstiel und die Seitengewehrscheide zu halten. Die aus Segeltuch bestehende Magazintasche für die Maschinenpistole nimmt drei 32-Schuß-Stangenmagazine auf; die kleine Außentasche enthält eine Ladevorrichtung für die Magazine.

Normandie 1944

An einem sonnigen Juni-Nachmittag. Trotz der drückenden Hitze trägt der Feldwebel nun seinen Stahlhelm und hat sich die Zeltbahn 31 übergestreift. Dieses wasserdichte Gewebe, das in den Tarnfarben des Heeres bedruckt ist, ist äußerst vielseitig verwendbar – zu mehreren zusammengeknöpft als Zelt oder für sich alleine als Regen- oder Wetterschutz, als Behelfstrage, als Floß und als Tarnüberwurf; gerade in der *Bocage,* der normannischen Heckenlandschaft, haben diese Farben eine sehr gute Tarnwirkung. Die Ausrüstung wird am Koppel über der Zeltbahn getragen.

Hosenbeine
cken in – von den
dsern auch als
noschenko-
cken« bezeichne-
– Stoffgama-
en. Die Schnür-
fel sind aus brau-
Naturleder.

Oben: Das links und rechts am Stahlhelm 35/40 befestigte Maschendrahtgeflecht ist eine improvisierte Vorrichtung zum Einstecken von Tarnmaterial.

Unten: Bei dieser Rückansicht ist die Anordnung der Ausrüstung gut zu erkennen: Neben dem links getragenen Spaten ist der Brotbeutel am Koppel aufgeschlauft, an dem das Kochgeschirr und die Feldflasche hängen. An der hier nun über der linken Schulter getragenen Gasmaskenbüchse ist eine Gasplane festgeschnallt.

Kanonier der 21. Panzerdivision,

Es ist noch früh am Morgen des 6. Juni 1944, als die Fahrzeuge der 21. Panzerdivision ihren Bereitstellungsraum in der Nähe von Caen verlassen und in Richtung Virlont und den Wald von Chicheboville rollen, wo sie später auf die britische 3. Infanteriedivision treffen. Mehrere Wochen lang verwehrten die deutschen Verteidiger den Briten den Zugang zur Stadt Caen, die durch die Kämpfe, vor allem die alliierten Luftangriffe, arg in Mitleidenschaft gezogen wird.
Der auf dieser Doppelseite dargestellte Obergefreite, der in der II. Abteilung des Panzerartillerie-Regiments 155 dient, das zur 21. Pz. Div. gehört, hat bereits auf dem afrikanischen Kriegsschauplatz den Alliierten gegenübergestanden. Er gehört zur Besatzung einer »Wespe«, einer 10,5 cm leichten Feldhaubitze 18/2 auf Selbstfahrlafette.

Der ursprünglich für Sturmgeschützeinheiten vorgesehene feldgraue Feldanzug wurde später auch von Angehörigen der Panzerartillerie getragen, zu der unser Mann gehört. Die vier unteren Knöpfe der kurzen Feldjacke sind hier zugeknöpft, die drei anderen, mit denen sich die Brustklappe hochschließen läßt, werden hier nicht verwendet. Der graugrüne Futterstoff, mit dem die Jacke ausgeschlagen ist, findet auch für die Innentasche Verwendung. Zugbänder in Hüfthöhe dienen zum Verengen der Jacke. Schlitz und Knopfverschluß der Ärmel entsprechen dem der Feldbluse. Die abnehmbaren Schulterklappen sind in der hochroten Waffenfarbe der Artillerie vorgestoßen, mit der auch die Kragenpatten eingefasst sind; auf den Patten sind Einheitslitzen aufgenäht. Das mausgraue Hoheitsabzeichen auf der rechten Brust ist auf feldgrauem Grund aufgewoben.

Im obersten Knopfloch der Brustklappe steckt das Ordensband des EK II; unter dem kornblumenblauen Ordensband mit silbernem Hoheitsabzeichen des Heeres (die nach vier Jahren Dienst verliehene Dienstauszeichnung des Heeres, sie wurde während des Krieges nicht mehr verliehen) trägt der Soldat das Heeres-Flakabzeichen, was darauf hinweist, daß er früher bei der Heeres-Flakartillerie war.

Links: Das für die drei Teilstreitkräfte zwischen Dezember 1942 und Januar 1943 eingeführte Ärmelband »AFRIKA« wurde als Kampfabzeichen der Wehrmacht geschaffen. Heeresangehörige mußten für die Verleihung eine der folgenden Bedingungen erfüllen:
Sechsmonatiger Einsatz in Nordafrika.
Viermonatiger Einsatz bei den Kämpfen in Tunesien bis Mai 1943.
Verwundung beim Einsatz in Afrika.
Erkrankung an einer Tropenkrankheit, die eine weitere Verwendung auf diesem Kriegsschauplatz unmöglich machte.
Erwerb einer Tapferkeitsauszeichnung auf afrikanischem Boden.
Das 3,3 cm breite, khakifarbene Ärmelband ist silbern eingefasst und trägt die Aufschrift »AFRIKA« in silbergrauem Baumwollgarn, der auch für die beiden Palmen verwendet wird. Es gibt verschiedene Ausführungen dieses Ärmelbandes, das 15 cm über dem linken Ärmelrand getragen wurde.

Der Stahlhelm wurde mit e-
nem Tarnanstrich in Gelbock
und Dunkelbraun versehen, d
an mehreren Stellen abgebl
tert ist. Zum grauen Trik
hemd wird eine schwarze K
watte getrage

Das am linken Oberar
getragene Dienstgradabzeich
des Obergefreiten – zwei Wink
aus mausgrauer Tresse – wi
auf einer feldgrauen Unter
ge getrage

Am schwarzen Led
koppel, das mit ein
feldgrau lackiert
Heeres-Koppelsch
geschlossen wird, si
eine Magazintasche
die MP 40 und eine
stolentasche für die
aufgeschla

Abgesehen vom Ma
rial und den gerade
schnittenen Tasch
patten, entspricht
se Hose jener der
der gegenüberlieg
den Seite vorgest
t

Die schwarzleder
Schnürstiefel wer
durch je vier P
Schnürlöcher und
Paar Schnürhaken geschn

Invasionsfront 1944

chts: Der Obergefreite trägt tt des Stahlhelms jetzt das ʼgraue Schiffchen (ohne ıtache). An der Stirnseite ein mausgraues Hoheitsab-chen angebracht und darun-die Reichskokarde; beide d auf feldgrauem Grund auf-voben.

Unten: Mit dem bei der Wehrmacht verwendeten Entfernungsmesser Em. 14/34 läßt sich die genaue Entfernung zwischen Ziel und der eigenen Stellung festlegen. Während das Gerät selber sandfarben lackiert ist, erscheinen die Halterung und das verstellbare, aus kräftigem Segeltuch gefertigte Tragband in verschiedenen Grüntönen.

Links: Das vermutlich vom Batterieschneider angefertigte Hemd besteht aus Zeltbahnstoff. Es hat einen durch drei Knöpfe verschließbaren Brustschlitz; die beiden Brusttaschen verfügen über leicht geschwungene, knöpfbare Taschenpatten, und auch die Ärmel werden durch Knöpfe geschlossen. Die abnehmbaren Schulterklappen stammen von der kurzen Feldjacke. Das Hoheitsabzeichen an der Brust ist auf Abzeichentuch gewoben. Alle Knöpfe sind feldgrau lackiert.

Die graue Feldhose, die mit einem Gürtel getragen wird, besteht aus strapazierfähigem Köper. Die schräg eingesetzten Seitentaschen sind mit leicht geschweiften Taschenpatten versehen. An der rechten Seite, direkt unter dem Bundrand, ist eine Uhrtasche mit knöpfbarer Patte. Zum Engerstellen der Hose sind an beiden Hüften Schnallgurte angebracht. Sämtliche Knöpfe sind aus beigem oder grünlichem Kunststoff. Die Hosenbeine verengen sich nach unten hin und werden an der Unterkante durch einen Knopf und zwei Bändern geschlossen.

Oben: Das Heeres-Flakabzeichen wurde vom OKH (Oberkommando des Heeres) am 18. Juli 1941 eingeführt. Es konnte an Angehörige der Heeres-Flakartillerie verliehen werden (Flak-Kompanien, leichte und schwere Batterien und Gefechtsbatterien, d.h. Ortungsgeräte und Flakscheinwerfer). Für die Verleihung an Angehörige der diversen Batterien wurde ein Punktesystem eingeführt – insgesamt waren 16 Punkte erforderlich –, für das folgende Kriterien galten:
Unmittelbare Beteiligung am Abschuß einer Feindmaschine: Vier Punkte.
Beteiligung am Abschuß einer Feindmaschine: Zwei Punkte.
Angehörige der Gefechtsbatterie, die ein später abgeschossenes Feindflugzeug als erstes ausmachte: Ein Punkt.
Unabhängig von der bisher erreichten Punktzahl konnte das Abzeichen auch für hervorragende Kampfleistungen eines Angehörigen der Flakartillerie im Zusammenhang mit der Bekämpfung feindlicher Flugzeuge verliehen werden.
An die vorgesetzten Führer der an Abschüssen beteiligten Einheiten konnte das Abzeichen verliehen werden, wenn die Hälfte der Bedienungsmannschaften, bzw. der Einheitsführer das Abzeichen erhalten hatten.
Das von dem Berliner Graphiker Ernst Wilhelm Peekhaus entworfene Kampfabzeichen zeigt ein 8,8-cm-Geschütz, das von einem ovalen Eichenlaubkranz umgeben ist, der auf dem oberen Teil das Hoheitsabzeichen des Heeres trägt.

Marineartillerist,

Links: Das Kriegsabzeichen für die Marineartillerie wurde am 24. Juni 1941 vom Oberbefehlshaber der Kriegsmarine gestiftet und war für Kampfeinheiten und einzelne Soldaten gedacht. Voraussetzung für die Verleihung war das Erreichen von acht Punkten nach einem ausgefeilten System, wobei der Abschuß eines Feindflugzeugs mit zwei und die Beteiligung an einem solchen Abschuß (bei Mitwirkung mehrerer Batterien) mit einem Punkt angerechnet wurde. Angehörige von Flakscheinwerfer- und Funkmeßeinheiten oder von Gefechtsstäben, welche die Voraussetzungen für eine erfolgreiche Bekämpfung geschaffen hatten, konnten ebenfalls beliehen werden. Das Abzeichen wurde auch für außergewöhnliche Leistungen im Kampf vergeben. Das aus Zink gefertigte Kriegsabzeichen stellt ein Küstengeschütz in Stellung dar, das von einem goldfarbenem Eichenlaubkranz umgeben ist, auf dem das Hoheitsabzeichen angebracht ist.

Links: Der Stahlhelm 35 ist mit c
grünen und sandfarbenen Farbfleck
versehen worden; an der linken Se
des Helms ist noch der goldfarb
Adler des Marine-Hoheitsab
chens zu erkennen. Der Kinn
men ist aus geschwärztem Le

In der Nacht vom 5. auf den 6. Juni 1944 warfen alliierte Bombenflugzeuge über 600 Tonnen Bomben auf die deutschen Küstenbatterien an der Ostküste der Cotentin-Halbinsel ab, um sie vor dem Beginn der Invasion auszuschalten; dort lag auch die Marineküstenbatterie Marcouf. Jedoch war dieser Angriff nicht sehr erfolgreich, da er nicht verhindern konnte, daß die Männer des Batterieführers, Oberleutnant (MA) Walter Ohmsen, mehrere amerikanische Schiffe trafen und teilweise auch versenkten. Als Ohmsen am 11. Juni den Befehl erhielt, seine Batterie aufzugeben und auszubrechen, waren er und die meisten seiner Männer verwundet. Der Oberleutnant hatte bis zu diesem Zeitpunkt alle Versuche der Amerikaner abgewehrt, und u.a. seine eigenen Geschützbunker von der Heeresküstenbatterie Azeville unter Feuer nehmen lassen; für diese wagemutige Tat wurde ihm das Ritterkreuz des Eisernen Kreuzes verliehen.

Rechts: Die Feldbluse der feldgrauen Marineuniform unterscheidet sich äußerlich nur wenig von der des Heeres, ist jedoch durchgehend gefüttert, hat einen feldgrauen Kragen und feldgrau lackierte Ankerknöpfe. Bei dieser Ausführung ist das goldgelbe Marine-Hoheitsabzeichen auf bläulich-dunkelgrünen Grund gewoben.

An M
schaften
Unteroffiz
der Kriegsma
wurden anfa
goldfarbene Kop
schlösser ausg
ben. Die Tuchh
steckt in schwa
dernen Marsch
feln. Der Marine
lerist ist mit ei
Karabiner 98k
»Braut des Sc
ten«, bewaff

Links: Die spitz zulaufende Schulterklappe des Marinesoldaten ist abnehmbar angebracht; auf dem marineblauen Oberteil ist das goldgelbe Abzeichen der Marineartillerie-Abteilungen aufgestickt. Die verwaschene, feldgraue Doppellitze ist direkt auf den Kragen aufgenäht; sie ist zusammenhängend gewoben und weist goldgelbe Litzenspiegel sowie einen weißen Mittelspiegel zwischen den Litzen auf. Das Hoheitsabzeichen der Kriegsmarine auf der rechten Brust ist in diesem Fall auf feldgrauen Grund gewoben. Die Ankerknöpfe sind auf dieser Aufnahme recht gut zu erkennen.

Marineküstenbatterie Marcouf 1944

diesem Sprechfunkgerät, das in Ge-
hützstellungen und -bunkern verwendet
ırde, sind Kopfhörer und Mikrofon mitein-
der verbunden; es wird am Kopf mit Web-
rt- und Lederriemen fixiert. Sowohl das
der linken Ohrmuschel angebrachte Mi-
ofon als auch der Umschaltkasten auf der
ust sind aus schwarzem Bakelit.

Links: Die schilfgrüne Drillichbluse, die ein starkes Fischgrätmuster aufweist, wurde in Paris hergestellt, wie das Schneideretikett im Innern verrät. Der Schnitt dieses hervorragend gearbeiteten Stückes entspricht dem der Feldbluse. Die Bluse wird auf der Vorderseite durch fünf feldgrau lackierte Ankerknöpfe geschlossen, wie sie auch zum Knöpfen der Brust- und Seitentaschen und der Schulterklappen (hier allerdings kleinere Größe) Verwendung finden. Die Ärmelumschläge sind nur durch eine umlaufende Naht gekennzeichnet. Auf der linken Seite ist eine Innentasche aus Futterstoff untergebracht. In den Kragen läßt sich eine Kragenbinde einknöpfen. Hoheitsabzeichen, Schulterklappe und Litzen sind in der Detailaufnahme auf *Seite 84* unten zu sehen. Das Koppelschloß ist feldgrau lackiert.

Rechts: Die beiden Koppelschlösser bestehen – oben – aus feldgrauem Stahlblech und – unten – aus goldfarben eloxiertem Leichtmetall.

Rechts: Die Rückseite der Patronentasche ist mit dem Abnahmestempel der Kriegsmarine versehen, darunter erscheinen Herstellermarkierung und Herstellungsjahr.

Oben: Die Lederzunge des Koppelschlosses trägt ebenfalls den Marine-Abnahmestempel (stilisiertes Hoheitsabzeichen und der Buchstabe »M«), sowie den Schlagstempel mit dem Herstellungsjahr.

Diese Drillichhose ist insofern ungewöhnlich, als daß sie sich im Schnitt an die blaue Mannschafts-Tuchhose anlehnt und anstelle des Hosenschlitzes eine breite Klappe hat, die mit vier Metallknöpfen am Bund geknöpft wird. Beide Hosentaschen haben einen vertikalen Eingriff. Da diese Hose weder über Gürtelschlaufen noch über Knöpfe für Hosenträger verfügt, sind an beiden Hüften Strippen mit je zwei entsprechenden Leichtmetallknöpfen aufgenäht, mit denen sich die Hose verpassen läßt. Die leicht keilförmig geschnittenen Hosenbeine werden durch eine ähnliche Konstruktion geschlossen, allerdings kann man hier zwischen je drei Knöpfen wählen.

Major des Heeres

Auf dem Weg ins Theater – der Major trägt eine Schirmmütze aus feinem, feldgrauen Tuch in der sogenannten Sattelform. Der Besatzstreifen ist aus bläulich-dunkelgrünem Abzeichentuch, der Schirm aus schwarzlackiertem Vulkanfiber. Sämtliche Vorstöße sind in der weißen Waffenfarbe der Infanterie. Eichenlaubkranz und Hoheitsabzeichen sind aus hellaluminiumfarbenem Leichtmetall; die mit zwei kleinen Knöpfen angeknöpfte Mützenkordel ist ebenfalls hellaluminiumfarben. Auch der eigene Mantel ist aus feinem feldgrauen Tuch, wenn auch in einem etwas dunkleren Farbton als Mütze oder Bluse; er ist mit grüner Kunstseide gefüttert, am Unterrand gesäumt und weist hellaluminiumfarbene Knöpfe auf. Der Kragen ist aus Abzeichentuch, die Schulterstücke sind eingenäht, und 1 cm über dem linken Ärmelumschlag befindet sich der Ärmelstreifen. Unter der linken Taschenpatte befindet sich ein Karabinerhaken, in den die Tragevorrichtung des Dolches eingehakt ist.

Nach seiner fünften Verwundung im Felde, wurde dieser Major ins Führerhauptquartier nach Rastenburg in Ostpreußen versetzt. Am Sonntag, dem 9. April 1944, während eines dienstlichen Aufenthaltes im Warthegau, besucht der Stabsoffizier eine Theatervorstellung in Posen, um sich ein wenig vom militärischen Alltag zu entspannen.

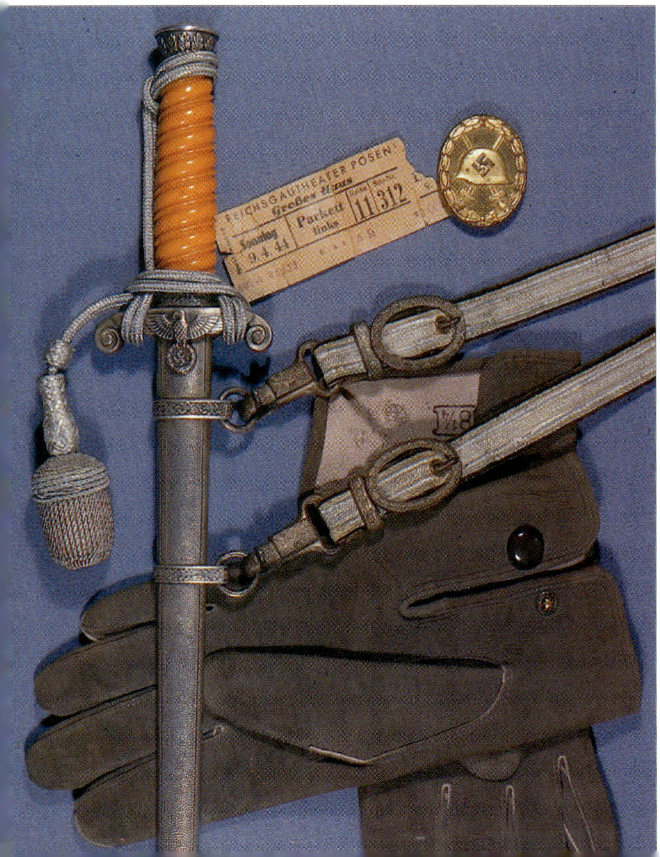

Unten links: Dieser Offizierdolch des Heeres stammt von der Solinger Firma Carl Eickhorn, wie der Herstellerstempel auf der Klinge verrät. Mit Ausnahme der Klinge sind sämtliche Metallteile des Dolches mattversilbert. Der Griff ist aus orangefarbenem Kunststoff. Der »Heeresadler« auf der Parierstange blickt nach links, entspricht aber ansonsten den zur Uniform getragenen Hoheitsabzeichen des Heeres. Auch die Stahlscheide ist mattversilbert und weist an den Bändern dieselbe Eichenlaubverzierung auf wie Griffknauf und -ring des Dolches. Die Tragevorrichtung zum Dolch umfaßt die Trагebänder aus Aluminiumtresse (aufgenäht auf eine dunkelgrüne Samtunterlage), die Beschläge aus grauem Leichtmetall und den Aufhängerahmen (hier nicht zu sehen). Das Dolchportepee besteht aus hellem Aluminiumgespinst und Aluminiumdrahtgimpe. Die grauen Handschuhe aus Wildleder werden am Handgelenk mit Druckknöpfen geschlossen. Die Theaterkarte gilt für die Abendvorstellung am 9. April 1944 im Großen Haus des Reichsgautheaters in Posen. Daneben liegt das Verwundetenabzeichen in Gold; das massiv geprägte Abzeichen ähnelt dem des Ersten Weltkrieges, wobei jedoch anstelle des alten Stahlhelmmodells ein Stahlhelm 35 mit einem auf der Spitze stehenden Hakenkreuz dargestellt ist. Der Herstellerstempel auf der Rückseite stammt von der Firma Carl Wild aus Hamburg. Das Verwundetenabzeichen in Gold wurde für mehr als viermalige Verwundungen oder Beschädigungen im Einsatz verliehen, oder bei Schwerstbeschädigung.

im Führerhauptquartier

Links: Im Theater. Mantel und Dolch hat der Major bereits an der Garderobe abgegeben und ist nun im Ausgehanzug zu sehen. Bevor er seinen Platz im Parkett einnimmt, wird er auch noch die Handschuhe und die Schirmmütze ablegen. Die 1937 für Offiziere eingeführte Feldbluse mit Vorstößen (auch »Geschmückte Feldbluse« genannt) konnte zu fast allen Gelegenheiten getragen werden, zu denen sonst der Waffenrock vorgeschrieben war. Von der gewöhnlichen Feldbluse unterscheidet sie sich durch Vorstöße in der Waffenfarbe – in diesem Fall das Weiß der Infanterie – um den Kragen, vorne herunter und an den Ärmelaufschlägen. Die waffenfarbenen Kragenpatten mit Litzenstickerei aus hellem Aluminium, die in der Armlochnaht eingenähten Schulterstücke des Majors (Geflecht aus zwei hellaluminiumfarbenen Plattschnursträngen auf waffenfarbener Unterlage), das aus Aluminiumgespinst handgestickte Hoheitsabzeichen an der rechten Brust und sämtliche Knöpfe der Bluse entsprechen denen des Waffenrocks. Auf der kleinen Ordensspange oberhalb der linken Brusttasche werden (von links nach rechts) die Ordensbänder des EK II, der Ostmedaille und der Wehrmacht-Dienstauszeichnung für zwölf Dienstjahre (vergoldetes Hoheitsabzeichen!) getragen; die Steckauszeichnungen an und unter der Tasche sind das EK I, das Verwundetenabzeichen in Gold und das Infanterie-Sturmabzeichen, das für die Teilnahme an mindestens drei Sturmangriffen an verschiedenen Kampftagen verliehen wurde.

Oben: Mit Verfügung vom 15. Januar 1941 wurde für alle Angehörigen des Führerhauptquartiers ein neuer Ärmelstreifen eingeführt. Er besteht aus einem schwarzen Tuchband, das die handgestickte Aufschrift »Führerhauptquartier« in deutscher Schreibschrift trägt; Aufschrift und Randstreifen sind aus Aluminiumgespinst.

Unter der linken Taschenpatte befindet sich ein Schlitz für die Tragevorrichtung zum Offizierdolch.

Links: Die lange Tuchhose des Offiziers ist aus feinem, steingrauem Tuch und hat in den Seitennähten Vorstöße in der Waffenfarbe. Um die Stiefelsohlen führen schwarzlederne Stege, die einen strafferen Sitz der Hose gewährleisten sollen.

Rechts: In den mit zwei Paar Haken und Ösen geschlossenen Kragen ist ein gestärkter, weißer Wäschekragen mit drei speziellen, klappbaren Kragenknöpfen eingeknöpft. Im Futter aus Kunstseide ist das Schneideretikett des Kölner Uniformhauses Carl Weyers eingenäht.

hwarzleder-
Zugstiefel
orm »Pots-
m«) von der
eeres-Klei-
rkasse.

Soldat der 17. Luftwaffen-Felddivision

Normandiefront, 17. August 1944: Unter dem Kommando von General Höcker bezieht die 17. Luftwaffen-Felddivision südlich des Eure Stellung. Ihr Auftrag lautet, das XIX. amerikanische Korps aufzuhalten, bis das Gros der sich zurückziehenden deutschen Truppen die Seine überschritten hat.
Die Luftwaffenfelddivisionen wurden ab 1942 aufgestellt. Der Wunsch des Heeres, diese Verstärkung unter seine Fittiche zu nehmen, scheiterte am Widerstand des OKL.

In dieser Aufnahme sind das Hoheitsabzeichen der Luftwaffe, der braun-grüne Tarnanstrich des Stahlhelms 35/40 und die beiden Befestigungshaken für das Stahlhelmtarnnetz deutlich zu erkennen.

Dieser Obergefreite der I. Abteilung des Flakregiments (L) 20, das der 17. Luftwaffen-Felddivision unterstellt war, trägt leichte Ausrüstung. Unter der charakteristischen Tarnbluse im Luftwaffe-Splittermuster wird die Fliegerbluse getragen, deren rote Kragenspiegel (Artillerie) mit den drei Doppelschwingen seines Dienstgrades zu sehen sind. Die Tarnbluse aus leichtem Baumwollstoff wird vorne durch fünf große, blaugraue Kunststoffknöpfe geschlossen. Die ungefütterte Bluse hat auf der linken Seite eine große Innentasche. Auch die Schulterklappen sind aus Tarnstoff gefertigt. Die Ärmelmanschetten werden mittels Knöpfen (in diesem Fall aus Metall, sonst aus braunem Kunststoff) geschlossen. Das an der rechten Brust getragene Hoheitsabzeichen ist in silbergrauem Garn auf graublauem Grund gestickt.

Zu der graublauen Fliegerbluse wird ein braunes Luftwaffenkoppel getragen. Die Schulterklappen sind in dem Hochrot der Flakartillerie vorgestoßen, das auch die Grundfarbe für die Kragenspiegel mit den drei Doppelschwingen eines Obergefreiten bildet. An der linken Brust trägt der Mann das am 10. Januar 1941 gestiftete Flak-Kampfabzeichen; das von Werner Ernst Peekhaus entworfene Abzeichen konnte »... Offizieren, Unteroffizieren und Mannschaften der Flakartillerie für hervorragende Kampfleistungen verliehen werden ...«; aber auch Angehörige von Flakscheinwerfer-Einheiten und später dann Flakwaffen- und Luftwaffenhelferinnen wurden mit dem Kampfabzeichen ausgezeichnet.

Beschlage
Schnürstiefel a
braunem Le
mit sieb
Schnürlöche

Normandie 1944

Seitengewehrtasche und Koppeltragegestell sind, genau wie die Patronentaschen für den Karabiner 98k, aus braunem Leder.

Oben: Die Gasplane in ihrer blaugrauen Tasche ist mit zwei Mantelriemen an der Tragebüchse der Gasmaske festgeschnallt. An dem Brotbeutel aus graublauem Stoff sind die Feldflasche und das Kochgeschirr angehängt.

Links: Die blaugraue Fliegerhose wird mit Hosenträgern getragen und kann hinten am Bund durch einen Schnallgurt mit Zweidornschließe verengt werden. Vorne sind zwei Seitentaschen und eine Uhrtasche eingesetzt, hinten gibt es zwei Gesäßtaschen. Die Hosenbeine stecken in blaugrauen Stoffgamaschen, deren untere Kanten mit braunem Leder eingefaßt sind; die beiden Schnallriemen an den Fußaußenseiten bestehen aus demselben Material.

Unten: Die beiden Stahlhaken zur Befestigung des Tarnnetzes sind vorne bzw. hinten in den Außenring der Stahlhelm-Innenausstattung eingehakt. Bei dieser Trageweise wird das Gesicht verschleiert.

Unten: Bei Nichtgebrauch kann der Gesichtsteil zurückgeschlagen und mit zwei Häkchen ins Netz eingehängt werden, wodurch sich die scharfen Konturen des Helms hervorragend verwischen lassen.

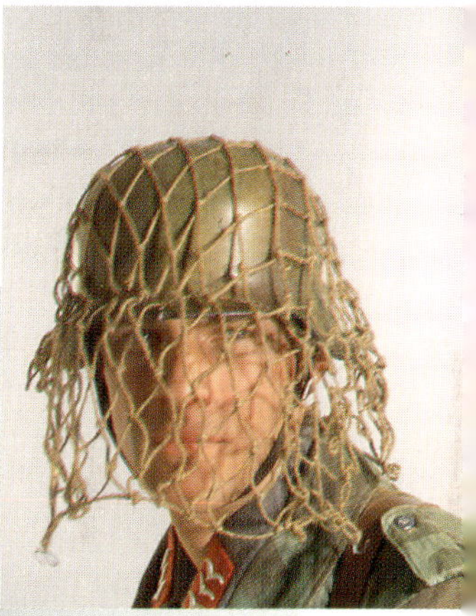

Panzerspähtruppführer,

Sowohl der Helmüberzug des Panzeraufklärers als auch seine Tarnjacke sind vor Ort vom Kompanieschneider aus Zeltbahnmaterial gefertigt worden. Von einem seiner Kradmelder hat sich der Leutnant eine Windschutzbrille ausgeliehen, die er am Stahlhelm trägt. Sie hat ein elastisches Halteband. In einem durch einen beweglichen Nasensteg verbundenen Metallrahmen sind die ovalen Gläser eingesetzt; alle Metallteile bestehen aus grauem Leichtmetall, die Abdichtung aus grauem Gummi. Die Jacke wird durch einen Reißverschluß Marke Zipp geschlossen. Die Schulterpartien sind durch geschweifte Passe verstärkt. Die Ärmel lassen sich durch knöpfbare Strippen raffen, die mit je einem Leichtmetallknopf geschlossen werden. Die hüftlange Jacke verfügt zwar über keine Außentaschen, hat aber eine Innentasche auf der linken Seite.

Anfang Mai 1944. Die dritte Schlacht um Monte Cassino ist zu Ende. Deutsche Verbände haben die Gustav-Linie geräumt und ziehen sich nach Norden auf die Cäsar-Linie zurück. Nur die Spähtrupps bleiben am Feind. Einer der vorgeschobenen Trupps meldet zwischen Frosisone und Velletri das Vordringen der alliierten Panzerspitze. Die Aufklärer setzen sich unbemerkt vom Gegner ab – gleich wird es hier heiß hergehen, da die Kanoniere des Pz.Art.Rgt. 93 der 26. PD ihre Geschütze bereits auf diese Koordinaten eingerichtet haben.

Unter der Tarnjacke sind ein Stoffhemd und die kurze schwarze Feldjacke für Panzerbesatzungen zu erkennen. Die Pistolentasche wird an einem geschwärzten Leibriemen getragen, der durch eine rechteckige Zweidornschnalle geschlossen wird. Die hier getragene Drillichhose ist bereits stark ausgeblichen. Die Schnürstiefel werden durch je sieben Paar Schnürlöcher geschnürt.

Links: Das khakifarbene Baumwollhemd gehört eigentlich zur Tropenuniform; der Brustschlitz wird durch vier graugrüne Knöpfe aus Presspappe geschlossen (früher aus braunem Kunststoff), die auch zum Schließen der Ärmelbunde verwendet werden. Die geschweiften Taschenpatten werden durch Feldblusenknöpfe geschlossen, die auf der Rückseite mit Sprengringen befestigt sind. Die abnehmbar angebrachten Schulterstücke des Leutnants haben eine rosafarbene Unterlage (die Waffenfarbe der Panzertruppe); das gotische ‚A' und die Nummer ‚26' aus Gelbmetall, die auf der matten Aluminium-Plattschnur angebracht sind, verraten, daß der Offizier der Panzeraufklärungsabteilung 26 der 26. Panzerdivision angehört. An der linken Brusttasche ist das Eiserne Kreuz 1. Klasse angesteckt.

Italien 1944

Die Einheitsfeldmütze des Leutnants ist aus schwarzem Tuch. Der Umschlag wird vorne durch zwei kleine, aluminiumfarbene Metallknöpfe geknöpft. In der Deckelnaht weist die Mütze den für Offiziere vorgeschriebenen Vorstoß aus Aluminiumlitze auf. Das Hoheitsabzeichen und die Kokarde an der Vorderseite sind auf einem gemeinsamen, T-förmigen Grund gewoben. Über dem Hemd trägt unser Mann die Jacke des zweiteiligen Schutzanzuges für die Panzertruppe aus grauem Drillichstoff. Von der Machart und dem Schnitt entspricht sie weitgehend der auf *Seite 78* gezeigten Jacke; allerdings ist sie aus einem dünneren Stoff gefertigt und wird ohne Schulterstücke getragen. Das gewebte Hoheitsabzeichen an der rechten Brust ist mausgrau auf grauem Grund. Die rechteckigen Kragenpatten aus schwarzem Grundtuch müßten eigentlich rosa vorgestoßen sein, nicht rot.

Unten: Die Drillichhose des Schutzanzuges ist stark ausgeblichen (die ursprüngliche Farbe ist noch am linken Oberschenkel zu sehen, wo einmal die aufgesetzte Tasche saß). Am Bund wird sie durch ein eingesetztes Gurtband mit Dreidornschnalle geschlossen. Für die beiden Hosentaschen und den Hosenschlitz werden die gleichen Leichtmetallknöpfe verwendet. In den Seitennähten ist jeweils ein Schlitz, durch den man die Hosentaschen unter dem Schutzanzug erreichen kann. Die Beinenden laufen unten keilförmig zu und werden im Knöchelbereich durch zwei Leichtmetallknöpfe geschlossen.

Links: Die ursprünglich ebenfalls für den afrikanischen Kriegsschauplatz gedachte kurze Hose ist aus dem gleichen khakifarbenen Stoff gefertigt wie das Hemd. Die schrägen Seitentaschen, ebenso wie die Uhrtasche, sind ohne Taschenpatten; hinten rechts ist noch eine Gesäßtasche eingesetzt. In die Hose ist ein breites, beiges Gurtband als Gürtel eingesetzt, das mit einer Dreidornschnalle geschlossen wird. Sämtliche Knöpfe sind aus Leichtmetall. Die grauen Wollsocken sind über die Schnürstiefel herabgerollt.

seiner rechten
nd hält der Offi-
r ein Meßtisch-
tt und ein
hwarz lackier-
s Doppelfern-
r 7 x 50.

SS-Führerbewerber der Sturmbrigade

Der wendbare Tarnüberzug für den Stahlhelm wird hier mit der braunen Herbstseite nach außen getragen; das Tarnmuster wird gemeinhin als »Platanenmuster« bezeichnet. Der Überzug hat vorne eine Art Zwickel, der über den Augenschirm gezogen wird, bevor die drei unter Federspannung stehenden, doppelseitigen Haken aus rostfreiem Stahl links, rechts und hinten am Helm eingehakt werden. Auch die Jacke des SS-Wintertarnanzugs wird mit der braunen Seite nach außen getragen. Es fällt auf, daß das »Eichenlaubmuster« der ungefütterten Kapuze etwas verschwommener ausgefallen ist als das der Jacke.

Links: Für den Winterkampf, bes
ders in bewaldeten Gebieten, v
dieser Wintertarnanzug ideal:
stens bot das »Eichenlaubmust
eine hervorragende Tarnwirku
und zweitens gab das gefütte
Kleidungsstück auch bei se
kalter Witterung noch gut wa
Dieses Stück ist hervorragend
halten, nur der oberste Metallkn
wurde anscheinend durch einen a
beigem Kunststoff erneue

Nachdem dieser flämische Freiwillige 1941, mit Beginn des Ostfeldzuges, in die SS-Freiwilligen-Standarte »Nordwest« eingetreten war, diente er später als Unterführer in der SS-Freiwilligen-Legion Flandern. In dieser Studie hat er gerade seine Abschlußprüfung an der SS-Junkerschule Tölz abgelegt und wurde danach zum SS-Standartenoberjunker (Oberfähnrich) ernannt. Nach dem Zugführer-Lehrgang an der Waffenschule wird er anschließend als SS-Untersturmführer (Leutnant) zu seinem alten Haufen zurückkehren, der inzwischen in 6. SS-Freiwilligen-Sturmbrigade »Langemarck« umbenannt worden ist.

Die Magazine für
MP40 werden in d
beiden Segeltuch
schen geführt,
auf dem schwarz
dernen Leibrien
aufgeschla
sind, in dem a
noch zwei St
handgrana
steck

Gestric
Fingerha
schu
aus gra
Wo

Zur feldgrauen S
felhose werden
senträger getrag
die beiden Seiten
schen werden o
Patte geknö
ebenso die Uhr-
die Gesäßtasc
Die Knöpfe sind e
weder aus Pressp
pe oder Leichtmet
Zum Verengen des
senbundes ist bei
seits je eine Schr
vorrichtung angebrac
die Beinschlitze v
den durch Reiß
schlüsse geschloss

Die für extremes We
gedachten Filzsti
sind aus naturbraun
Sohlenfilz gearbei
Der Fuß und das unt
Drittel des Schaftes s
aus kräftigem brau
Leder; am oberen R
wird der Schaft
einem kurzen Leder
men geschn

Links lassen sich alle Abzeichen an der Feldbluse des zukünftigen Führers gut erkennen. Der rechte Kragenspiegel weist handgestickte SS-Runen aus Aluminium auf, wie sie von allen Führern bis einschließlich SS-Obersturmbannführer (Oberstleutnant) getragen wurden. Die beiden 12 mm großen Aluminiumsterne und die geteilte Litze auf dem linken Kragenspiegel zeigen den eigentlichen Dienstgrad des Mannes – SS-Hauptscharführer, bzw., da er ja Führeranwärter ist, SS-Standartenoberjunker. Dies ist in dieser Darstellung einzig an den gedrehten Aluminiumlitzen erkennbar, mit denen die beiden parallelogrammförmigen Kragenspiegel eingefaßt sind. Auch die im Weiß der Infanterie vorgestoßenen Schulterklappen des Führeranwärters zeigen den Dienstgrad eines SS-Hauptscharführers; die Sterne sind mit denen des Kragenspiegels identisch. Der Stahlhelm 42 ist feldgrau lackiert und weist auf der linken Seite immer noch das Abziehbild mit den Sig-Runen auf.

»Langemarck«, Tölz 1944

ten: Die Feldbluse
42 wird vorne herab
ch fünf Knöpfe und
ı üblichen Haken-
en-Verschluß am Kra-
ı verschlossen. Die
r aufgesetzten Ta-
ıen verfügen über ge-
weifte Taschenpatten
l die Ärmelschlitze
rden durch Hornknöp-
verschlossen. Vorne
l hinten sind Schnür-
her für die vier Seiten-
en angebracht. Die
ulterklappen sind in
Armlochnaht einge-
t und nahe am Kra-
ı geknöpft. Die ur-
ünglich feldgrau
kierten Knöpfe
l mittlerweile
t blank gerie-
.

Rechts: Die Tatsache, daß der Führerbewerber keine Krawatte zu seinem grauen Trikothemd trägt, verrät, daß er sich gerade nicht im Dienst befindet. Die Offizierfeldmütze alter Art ist aus feinem Tuch (‚Doeskin') gearbeitet; diese äußerst beliebte, weiche Mütze hat keine Mützenkordel oder Deckelversteifung und auch der Mützenschirm ist aus weichem, biegsamen Leder gefertigt. Auf dem Besatzstreifen aus schwarzem Samt steckt ein Totenkopf-Abzeichen aus Aluminium; darüber ist das Hoheitsabzeichen der Waffen-SS angesteckt. Sämtliche Vorstöße an der Feldmütze sind weiß.

Der Ärmelstreifen ist 15 cm über dem linken Ärmelrand aufgenäht. Das am selben Arm getragene Hoheitsabzeichen ist auf schwarzem Grund in silbergrauem Garn maschinengestickt. Die kleine, durch Zwirnösen gesteckte Ordensspange zeigt (v.l.n.r.) das EK II, das Kriegsverdienstkreuz 2. Klasse mit Schwertern und die Ostmedaille. Das Infanterie-Sturmabzeichen ist an der linken Brusttasche festgesteckt. Die Pistolentasche für die P08 wird an der linken Hüfte getragen, an einem eigentlich für Wehrmachtoffiziere eingeführten Leibriemen.

Die hohen Stiefel sind aus weichem, schwarzen Leder.

Unten: Das gewobene Ärmelabzeichen der flämischen Legion zeigt einen schwarzen Löwen auf gelbem Grund. Dieses in Deutschland hergestellte Exemplar ist an der üblichen Stelle am linken Unterarm aufgenäht. Der maschinengewobene Ärmelstreifen trägt den Divisionsnamen in silbergrauem Garn (für Mannschaften und Unteroffiziere); die Randstreifen sind aus Aluminiumfaden.

Unterführer der SS-Panzerabteilung 11

Anfang 1944. Nach einem zermürbenden Rückzug erreichten Verbände des III. (Germanischen) SS-Panzerkorps unter SS-Obergruppenführer Felix Steiner Narwa in Estland. Obgleich sie hart bedrängt wurden, verwandelten die »germanischen« Freiwilligen ihren Frontabschnitt in ein Bollwerk, in dem sie den Ansturm der Sowjets erst einmal zum Stehen brachten. Zu den Verteidigern Narwas gegen zahllose sowjetische Angriffe zählten auch die Panzerbesatzungen der SS-Panzerabteilung 11 »Hermann von Salza« (Freiwilligen-Panzergrenadier-Division »Nordland«). Sie zeichneten sich besonders aus, als sie am 11. Februar einen sowjetischen Vorstoß gegen den südlichen Verteidigungsabschnitt der Stadt zurückschlugen. Die Männer kämpften als Infanteristen weiter, nachdem sie alle ihre Panzer verloren hatten. Anfang März traf eine mit Panthern ausgerüstete Kompanie der Abteilung hier auch auf eine große Zahl von T-34 und vernichtete die meisten davon.

Unten: Diese Erkennungsmarke, die an einer feingliedrigen Tragekette um den Hals getragen wurde, gehörte einem Unterführer der SS-Panzerabteilung 11, der bis zum Kriegsende dabei war. Die Beschriftung auf der Aluminiummarke lautet ‚4./SS-PZ. RGT. 11', was verrät, daß ihr Träger zur 4. Kompanie des bis Ende 1943 als SS-Panzerregiment 11 bezeichneten Truppenteils gehörte; die Zahl '857' ist seine Stammrollennummer. Das Regiment konnte wegen akutem Personalmangel nie auf die vorgesehene Stärke von zwei Abteilungen aufgestockt werden. Statt dessen blieb es auch weiterhin die Panzerabteilung »Hermann von Salza«, die von SS-Sturmbannführer (Major) Albert Kausch geführt wurde, der am 23. August 1944 das Ritterkreuz des Eisernen Kreuzes erhielt.

Der SS-Oberscharführer (Feldwebel) trägt die schwarze Ausführung der Feldmütze, die sich nur in der Farbe vom feldgrauen SS-Schiffchen unterscheidet. An der Stirnseite sind das Hoheitsabzeichen und der Totenkopf aufgenäht, beide aus mattgrauem Garn auf schwarzem Grund maschinengewoben. Die Mütze ist mit schwarzem Stoff gefüttert. Der Umschlag kann bei kaltem Wetter über die Ohren heruntergeklappt werden.

Das graue Hemd wird mit einer schwarzen Krawatte getragen. Die schwarze Feldjacke der Waffen-SS ist etwas anders geschnitten als die Ausführung des Heeres: das linke Vorderteil läuft nicht schräg, sondern gerade, und die Brustklappen sind kleiner und haben abgerundete Ecken (natürlich gibt es auch hiervon wieder Ausnahmen). Abgesehen davon war die Machart mehr oder weniger identisch *(vgl. Seite 9)*. Der rechte der beiden parallelogrammförmigen Kragenspiegel ist mit den SS-Runen in silbergrauem Garn versehen, während der linke Kragenspiegel den Dienstgrad zeigt, zwei Sterne aus Weißmetall. Auf den abnehmbar angebrachten Schulterklappen, die rosa vorgestoßen sind, ist die aluminiumfarbene Unteroffiziertresse und der einzelne Stern eines Oberscharführers zu sehen, sowie das Truppenkennzeichen der Abteilung, die Nummer ‚11' aus Weißmetall - was seit 1943 eigentlich untersagt war.

Unten: Der 1943 genehmigte Ärmelstreifen wurde von allen Angehörigen der Panzerabteilung getragen; dieses maschinengewobene Stück wurde von der Firma BeVo in Wuppertal-Barmen hergestellt. Hermann von Salza (um 1170 - 1239) war von 1209 bis zu seinem Tode Hochmeister des Deutschen Ordens. Im Zuge der mittelalterlichen Ostkolonisation wurde der Ritterorden von Polenherzog Konrad von Masowien ins Land geholt, und von Stauferkaiser Friedrich II. sowie Papst Innozenz III. ermächtigt, im späteren Ostpreußen den Kampf gegen die heidnischen Stämme der baltischen Pruzzen aufzunehmen und das Land zu kolonisieren. Hermann von Salza, ein außerordentlich begabter Diplomat und weitsichtiger Ordensführer, gilt als bedeutendster Hochmeister des Deutschen Ordens.

Das Hoheits
zeichen ist in
bergrauem G
auf schwar
Grund maschi
gestickt. De
melstreifen is
cm oberhalb
linken Är
randes f
genäht
obers
Knopf
der B
klappe
die Ord
bände
EK II
Ostmed
befes
und an
lir
Brust
den das
I und
Pa
kampfa
chen in
be
Steck
zeichn
getra

Der »Oscha« trägt
Koppel für Unterfü
und Mannschaften
Waffen

Die Fingerhandsch
sind aus grauer W
gestri

Die geschwä
Schnürstiefel we
mittels Schnürlöc
und -haken gesc
sen. Die Sohlen sin
nagelt und trage
satze

»Hermann von Salza«, Narwa 1944

Links: Die Einheitsfeldmütze aus festem schwarzem Tuch ist mit grauer Kunstseide gefüttert. Der Umschlag wird durch zwei schwarzlackierte Metallknöpfe geschlossen. An der Stirnseite wird das Totenkopf-Abzeichen getragen, das ebenfalls maschinengewobene Hoheitsabzeichen befindet sich links auf dem Umschlag.

Unter dem breiten Kragen des Mantels ist ein Wollschal zu erkennen, der zusätzlich warm hält.

Der dreiviertellange Mantel ist aus Schaffell. Der breite Kragen läßt sich mit einem knöpfbaren Lederriegel hochschließen. Außerdem verfügt das Kleidungsstück noch über eine mit weißer Wolle gefütterte Kapuze. Es wird mit drei Holzknebeln geschlossen, die durch entsprechende Lederschlaufen geführt werden. Die beiden schräg geschnittenen Seitentaschen, die über verstärkte Eingriffe verfügen, werden mit einer ebensolchen Vorrichtung geschlossen.

schweren, schwarzen stiefel sind am Fuß und n unteren Drittel des aftes mit Leder besetzt, Sohlen beschlagen.

Oben: Die links getragene Winterhose gehört zum mittleren Winteranzug; zwischen dem feldgrauen Doppeltuch und dem weißen Tarngewebe auf der Innenseite ist eine Wollfuttereinlage. Auch diese Hose wird mit Hosenträgern getragen. Die Knöpfe am Hosenschlitz sind aus schwarzem Kunststoff, die an den Patten der beiden Hosentaschen aus Leichtmetall. Im unteren Rand der Hosenbeine sind Zugbänder eingelassen.

Unten rechts: Die schwarze Feldhose besteht aus Wolltuch von ausgezeichneter Qualität. Um den Hosenbund herum sind sieben Gürtelschlaufen angebracht und über dem Hosenschlitz mit vier Kunststoffknöpfen wird der Bund mit zwei Knöpfen geschlossen. Zum Engerstellen der Hose sind auf beiden Hüften Schnallvorrichtungen angebracht. Die Taschenpatten der beiden schräg eingesetzten Seitentaschen werden durch je zwei Knöpfe geschlossen. Oberhalb der rechten Seitentasche ist die Uhrtasche eingesetzt. Die rechte Gesäßtasche hat eine geschweifte, knöpfbare Taschenpatte. Ein Besatz bedeckt die untere Gesäßhälfte. Die Hose ist zum Teil mit weißem Futterstoff gefüttert, der auch bei den Taschenbeuteln Verwendung findet.

Offizier der Division »Brandenburg«,

Links: Die privat beschaffte Feldmütze ist aus sowjetischem Beutestoff angefertigt worden und entspricht im Schnitt der Tropen-Feldmütze des Afrikakorps, einschließlich der beiden Entlüftungslöcher auf jeder Seite. Das metallgeprägte Hoheitsabzeichen und die Kokarde stammen wohl von einer Schirmmütze. Der auf der linken Seite getragene dreiblättrige Eichenlaubbruch aus Aluminium wurde im Oktober 1942 als besonderes Abzeichen für die Jägertruppen eingeführt.

Für die maßgeschneiderte Bluse wurde der gleiche Stoff wie für die Feldmütze verwendet; sie lehnt sich an die Feldbluse für Offiziere an, wird jedoch nicht mit fünf, sondern mit sechs Knöpfen geschlossen. Die Kragenpatten sind aus dem gleichen bläulich-dunkelgrünem Abzeichentuch wie der Kragen auch; die Litzenspiegel in den handgestickten Doppellitzen sind in der hellgrünen Waffenfarbe der Jäger gehalten. Die in der Armlochnaht eingenähten Schulterstücke aus mattaluminiumfarbenen Plattschnüren haben eine waffenfarbene Unterlage. An der rechten Brust ist ein auf Abzeichentuch handgesticktes Hoheitsabzeichen aus Aluminiumgespinst festgenäht. Das am rechten Oberarm getragene Ärmelabzeichen der Jägertruppen wurde zeitgleich mit dem Mützenabzeichen eingeführt. Der Leutnant trägt das Ordensband des EK II, das EK I und das Infanterie-Sturmabzeichen an der Uniform.

An der linken
te wird eine Pistole
Kaliber 7,65 mm in
dazugehörigen brau
Pistolentasche gefü
Sie ist auf ei
Leibriemen aus n
farbenem Leder au
schlauft, der durc
ne Zweidornschr
geschlossen wird
mit Ziernähten ve
hen ist. Es han
sich hierbei um
sowjetisches Be
stück, das w
scheinlich be
nem der zahlreic
unkonventione
Einsätze, we
die »Branden
ger« mit eindru
voller Geschick
keit (und teilw
auch in sow
schen Uniform
hinter den fei
chen Linien du
führten, den B
zer wechs

Zur aus braunolivfa
nem Tuch geschneide
Stiefelhose werden h
Stiefel mit weic
Schaft getra

Nachdem große Teile der Division »Brandenburg« bereits seit längerer Zeit auf dem Balkan, etwa in Dalmatien, vorwiegend bataillonsweise gegen Tito-Partisanen eingesetzt wurden, sollte nun das 1. (Jäger-) Regiment »Brandenburg« am Unternehmen »Rösselsprung« teilnehmen, das u.a. zum Ziel hatte, Titos Führungsorgane zu zerschlagen, die sich in, bzw. um Dvar (Westbosnien) befanden und den Partisanenführer selbst gefangen zu nehmen. Außerdem sollten auch die alliierten Militärmissionen ausgehoben werden, die sich beim Obersten Stab Titos aufhielten. Die Planung wurde vom Stab der 2. Panzerarmee in Kraljewo ausgearbeitet. Nach einem Fallschirm- und Luftlandeeinsatz am 25. Mai 1944 durch das SS-Fallschirmjägerbataillon 500, dem es nach erbitterten Kämpfen und unter schweren Verlusten gelungen war, die Stadt zu nehmen, folgten als Verstärkung die beiden »Brandenburg«-Bataillone. Tito, Teilen seines Stabes und den britischen Offizieren gelang es aber noch rechtzeitig, in die Wälder zu flüchten; sie wurden später nach Italien ausgeflogen.

Unten: Dieser Ärmelstreifen wurde im August 1944 eingeführt, kurz bevor die für Sonderaufgaben aufgestellte frühere Division »Brandenburg« z.b.V. 800 - eine Kommandotruppe, die verdeckte Einsätze an allen Fronten durchführte – in die Panzergrenadier-Division »Brandenburg« umgegliedert wurde. Das am rechten Unterarm zu tragende, bläulichdunkelgrüne Tuchband trägt die maschinengestickte Aufschrift 'Brandenburg' in gotischen Buchstaben. Schriftzug und Randstreifen sind aus silbergrauem Garn.

Dalmatien 1944

Kleidung beim Unternehmen »Rösselsprung«.

Rechts: Der Stahlhelm 42 ist feldgrau lackiert; er zeigt keinerlei Abzeichen.

Für die Tarnbluse hat der Kompanieschneider Zeltbahnstoff verwendet und einen Kragen aus Abzeichentuch angesetzt; das Heeres-Splittermuster ist zusätzlich mit grünen Farbtupfen versehen worden (vielleicht zur Erhöhung der Tarnwirkung). Die Bluse wird vorne herab mit vier blanken Metallknöpfen geknöpft, wie sie auch an den vier aufgesetzten Taschen zu finden sind. Das an der rechten Brust getragene Hoheitsabzeichen ist sehr interessant: es handelt sich hierbei um ein aus Aluminiumfäden gewobenes Abzeichen auf bläulich-dunkelgrünem Grund, das zusätzlich auf eine dreieckige feldgraue Unterlage aufgebracht wurde.

Rechts: Zwischenzeitlich ist der Offizier zum Oberleutnant befördert worden, wie an seinem Oberarm-Dienstgradabzeichen zu erkennen ist. Das grüne Eichenlaub ist maschinengestickt, die beiden Bortenstreifen sind auf dem schwarzen Grund aufgenäht.

Die beiden Magazintaschen für die Maschinenpistole sind auf dem Leibriemen aufgeschlauft.

Die Stiefelhose ist aus feinem, dunkelgrauen Tuch gefertigt.

Unten: Mit der Umwandlung in ein Jägerregiment im Jahr 1943 erhielt das 1. Regiment auch die Abzeichen der Jägertruppen. Die Ärmelabzeichen zeigen alle einen grünen, dreiblättrigen Eichenlaubbruch mit braunem Stiel und grüner Eichel, der von einer endlosen, ovalen Schnur umrandet ist. Form und Farbe der Blätter und die Farbe der Schnur können je nach Hersteller starke Unterschiede aufweisen. Hier nun eine kleine Auswahl:
A: Eichenlaubbruch für die Feldmütze (metallgeprägt).
B: Ärmelabzeichen (maschinengestickt).
C: Ärmelabzeichen (maschinengewoben).
D: Ärmelabzeichen (maschinengestickt).
E: Ärmelabzeichen (maschinengewoben).
F: Ärmelabzeichen (handgestickt).

Gebirgsjäger der 7. Freiwilligen-

Die Einheitsfeldmütze ist aus feldgrauem Tuch. Der Umschlag wird vorne durch einen braunen Hornknopf geschlossen. Das Hoheitsabzeichen und das Totenkopf-Abzeichen an der Stirnseite sind in mattgrauer Kunstseide auf schwarzem Grund gewoben. An der linken Seite des Umschlags ist die Waffen-SS-Ausführung des Edelweiß-Abzeichens aufgenäht.

Die Feldbluse 1942 wird über einem grauen Trikothemd getragen. Das dafür verwendete feldgraue Grundtuch ist von grober Qualität. Auch diese Bluse wird vorne durch fünf feldgrau lackierte Metallknöpfe geschlossen, während der Kragen mittels Haken und Öse hochgeschlossen werden kann. Die geschweiften Taschenpatten der beiden Brust- und Seitentaschen werden ebenfalls mit Metallknöpfen geknöpft. Das Koppel ruht auf den vorne und hinten angebrachten Seitenhaken. Die Schulterklappen sind abnehmbar angebracht. Die Feldbluse ist mit grauer Kunstseide gefüttert, aus der auch die auf der rechten Innenseite angebrachte Tasche für Verbandpäckchen gefertigt ist.

Links: Dem Gebirgsjäger wurde das Infanterie-Sturmabzeichen verliehen, das er an der linken Brust trägt. Voraussetzung für die Verleihung war die Teilnahme an drei Sturmangriffen an drei verschiedenen Kampftagen.

Die Patronentaschen für den Karabiner und das Koppel sind aus schwarzem Leder. Das SS-Koppelschloß ist feldgrau lackiert.

Links: Die aus schwarzem Tuch gefertigten Schulterklappen sind hellgrün vorgestoßen (seit September 1943 die Waffenfarbe für die Gebirgsjägereinheiten der Waffen-SS). Das Edelweiß-Abzeichen für die Mütze und das rechts zu tragende Ärmelabzeichen der Gebirgstruppen wurden in dieser Form im Oktober 1943 für die Waffen-SS eingeführt. Der rechte Kragenspiegel des SS-Jägers zeigt die sogenannte »Odalsrune«, das Verbandsabzeichen der 7. Freiwilligen-Gebirgsdivision; der linke Kragenspiegel bleibt bei diesem Dienstgrad blank.

Die unter dem Befehl von SS-Oberführer (Stabsoffizier, etwa zwischen Oberst und Generalmajor; keine Entsprechung in der Wehrmacht) Otto Kumm stehende 7. Freiwilligen-Gebirgsdivision »Prinz Eugen« nahm in der Zeit vom 26. April bis 5. Mai 1944 in Ostbosnien, nordöstlich von Sarajewo, an einem großangelegten Einsatz gegen Titos III. Proletarisches Korps (mit der 16., 17. und 36. Division) teil. Der hier vorgestellte Gebirgsjäger gehört zur 8. Kompanie des Gebirgsjäger-Regiments 13. Die Division »Prinz Eugen« rekrutierte sich vor allem aus der deutschen Bevölkerung Siebenbürgens und des Banats.

Gebirgsdivision »Prinz Eugen«, Bosnien 1944

r Mann trägt nur
chte Ausrüstung:
ten am Koppel
d Brotbeutel,
dflasche und
itengewehrta-
he aufge-
hlauft.

Links: Die hier getragene tarnfarbene Feldmütze besteht aus demselben wasserdichten Segeltuch wie der Tarnüberzug des Stahlhelms auch, der am Koppel hängt. Beide zeigen das »Platanenmuster«.

Über der Feldbluse wird eine Tarnschlupfjacke der Waffen-SS getragen. Der Schoß der Jacke und die Ärmelmanschetten sind unter die um die Taille und die Handgelenke laufenden Gummizüge gesteckt.

Der Gebirgsjäger ist mit einem Karabiner 98k bewaffnet, das Seitengewehr ist aufgepflanzt.

Rechts: Die 7. Freiwilligen-Gebirgsdivision war nach Eugen, Prinz von Savoyen-Carignan benannt (1663-1736), dem berühmten, in Paris geborenen österreichischen Feldherrn, der 1683 vor Wien gegen die Türken gekämpft und 1717 die Festung Belgrad eingenommen hatte. Sein Namen in lateinischer Schrift ist auf dem schwarzem Ärmelstreifen in silbergrauem Garn maschinengewoben, die Randstreifen sind aus Aluminiumgarn.

Die keilförmig geschnittene Berghose ist aus feldgrauem Tuch geschnitten. Die Beinenden stecken in Segeltuchgamaschen, die mit je zwei Schnallriemen geschlossen werden. Die schwarzledernen Bergstiefel werden durch sieben Paar Schnürösen geschnürt.

Unten: Beim Tarnmuster der Schlupfjacke handelt es sich um das sogenannte »Rauchtarnmuster« (hier mit der Frühlingsseite nach außen). Dieses 2. Modell der SS-Tarnschlupfjacke wurde bis etwa 1942 hergestellt. Der Brustschlitz wird durch je fünf Schnürlöcher geschnürt. Zwei verstärkte, vertikale Durchgriffe in Brusthöhe, die durch ungeknöpfte Patten verdeckt werden, erlauben dem Träger an die Taschen der Feldbluse zu gelangen. Um die Taille und die Handgelenke wird die Jacke durch Gummizüge gerafft, so daß sie besser anliegt. Die wendbare Jacke ist, bis auf die unteren Ärmel, aus einem Stück geschnitten und weist daher keine Schulternähte auf.

Offizier der Sturmartillerie,

Dieser Leutnant ist Angehöriger der Sturmgeschützabteilung 667, was an der Zahl aus Gelbmetall auf seinen Schulterstücken erkenntlich ist. Die Unterlagen der Schulterstücke sind ebenso wie die Litzenspiegel seiner Kragenpatten in dem Hochrot seiner Waffengattung gehalten. Zur Feldjacke trägt der Offizier ein graues Hemd aus Trikotstoff und eine schwarze Krawatte.

Der Offizier der Sturmartill
trägt die mit Verfügung v
29. Mai 1940 eingeführte S
derbekleidung für Sturm
schützeinheiten: kurze, f
graue Feldjacke und F
hose im Schnitt
schwarzen Panzer
form. Der Wollanteil
Kleidungsstücke nahm
Verlauf des Krieges im
mehr

Graue V
lederh
sch

Schon bald nach seiner Versetzung in den Generalstab im Juli 1935 forderte Oberst Erich Lewinski, genannt von Manstein, in einer Denkschrift die Schaffung einer besonderen Sturmartillerie. Geschütze auf gepanzerten Selbstfahrlafetten sollten der Infanterie im Angriff unmittelbar folgen und Bunker und Widerstandsnester im direkten Schuß ausschalten, außerdem feindliche Panzer bekämpfen. Den ersten Einsatz erlebten die Sturmgeschütze in Frankreich 1940. Als Truppengattung der Artillerie war Hochrot die Waffenfarbe.

Links: Die Feldhose für Sturmgeschützbesatzungen hat einen eingesetzten Gürtel aus Gurtband, der sich mit einer Dreidornschnalle verpassen läßt. Mit Ausnahme der Uhrtasche (über der ein kleiner Metallring zum Einhängen der Uhrkette angebracht ist) verfügen alle Taschen über knöpfbare, geschweifte Taschenpatten. Die sechs Knöpfe, mit denen der Hosenschlitz dieser 1944 ausgegebenen Hose geschlossen wird, sind aus grauer Presspappe. Um die Knöchel herum werden die keilförmig zulaufenden Hosenbeine mit Bändern geschlossen; der knöpfbare Schlitz in der Außennaht erleichtert das Anziehen der Hose.

1944

e Einheitsfeldmütze der
fiziere ist an dem Vor-
oß aus Aluminiumlitze
der Deckelnaht zu er-
nnen.

Rechts: Auch die Vorstöße an der Schirmmütze zeigen die Waffenfarbe der Sturmartillerie. Der Leutnant trägt fünf Auszeichnungen an seiner Jacke: die Ordensbänder für das EK II und die »Winterschlacht im Osten 1941/1942«-Medaille sind durch das oberste Knopfloch der Brustklappe gezogen und festgenäht, während das EK I und das Allgemeine Sturmabzeichen an der linken Brust angesteckt sind. Der Kubanschild (*vgl. Seite 58*) ist am linken Oberarm aufgenäht. Die Aufnahme macht den Schnitt der Jacke und die Anordnung der beiden Vorderteile deutlich, die für die beengten Verhältnisse in gepanzerten Fahrzeugen ideal sind.
Die Kopfhörer wurden bei der Dienstmütze offiziell nicht angewendet, letztere im Einsatz offiziell auch nicht getragen.

r
aunleder-
Leibrie-
en mit
veidorn-
nnalle ist
reguläres
srüstungs-
ick für
ehrmacht-
ziere. Die
tolenta-
he wird
rschrifts-
mäß an
linken
te ge-
gen.

Links: Mit den sieben Knöpfen (hier aus grauem Kunststoff), die auf dem rechten Vorderteil festgenäht sind, läßt sich die Jacke bis obenhin schließen; der Kragen, der hier den obersten Knopf verdeckt, verfügt über einen Haken-Ösen-Verschluß. Normalerweise werden nur die vier unteren Knöpfe geschlossen. Für das Futter und die beiden Innentaschen wurde graue Kunstseide verwendet; das Etikett eines Hamburger Uniformschneiders im Futter gibt 1943 als Herstellungsjahr an.

Unten: Um das Meßtischblatt herum sind einige Ausrüstungsstücke des Leutnants angeordnet: Kehlkopfmikrofon und Kopfhörer, eine Pistolentasche für die P38 (spätere Ausführung) und eine Offizierfeldmütze neuer Probe. Letztere weist um den Deckelrand und vorne um den Ausschnitt Vorstöße aus heller Aluminiumlitze auf. Die waffenfarbene Soutache, die doch schon im Juli 1942 hätte wegfallen sollen, wird noch immer getragen.

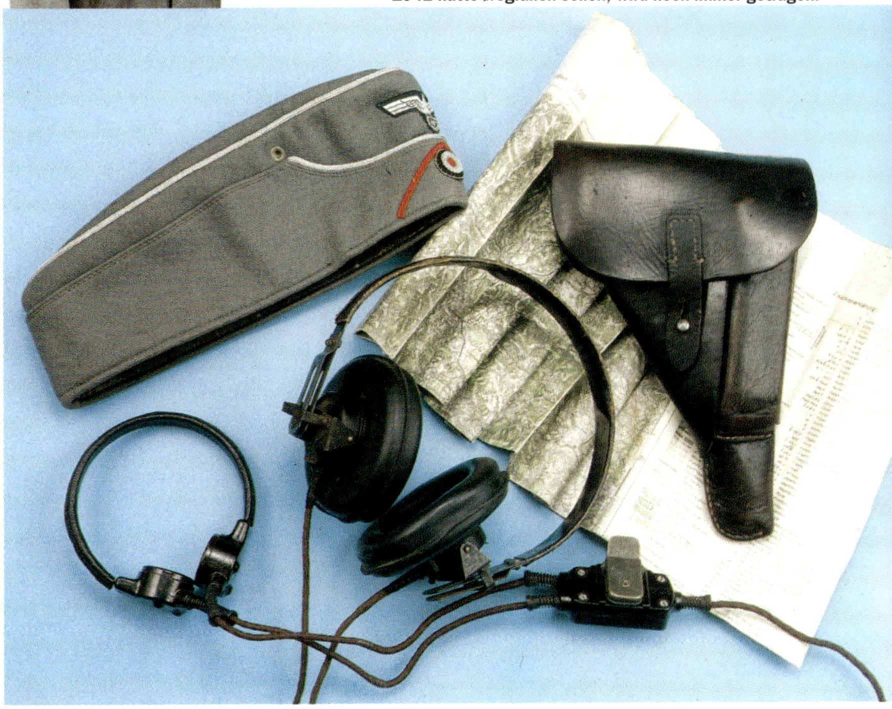

Zwar sollten die Marschstiefel auch bei den Sturmgeschützeinheiten allmählich durch Schnürstiefel ersetzt werden, doch wer konnte, der behielt seine »Knobelbecher«.

»Strippenzieher«,

Die olivgrüne Feldmütze des Fernsprechers ist aus dem Tuch geschneidert, das sonst für die Windjacken der Gebirgstruppen verwendet wird. Vorne auf dem Umschlag sind zwei aluminiumfarbene Knöpfe festgenäht. Die Mütze hat zwar kein Innenfutter und keine Lüftungslöcher, dafür ist aber innen ein ledernes Schweißband angebracht. Hoheitsabzeichen und Kokarde sind auf einem gemeinsamen T-förmigen Grund gewoben und vorne über dem Umschlag angebracht. Auf der linken Seite der Mütze (hier nicht zu sehen) trägt der Soldat das Edelweiß-Abzeichen.

Das Tropenhemd wird am Bru
schlitz durch vier kleine Knöpfe a
Presspappe geschlossen, für die
schenpatten der beiden Brust
schen hingegen werden Feldl
senknöpfe verwendet. Über
rechten Tasche ist das Hohe
abzeichen auf dreieckig
Grund angenäht. Das Edelw
am Ärmel und der zitronengelbe V
stoß an den Schulterklappen zeig
daß der Fernsprecher wohl zu
sem Einsatz von der Korps-Nachri
tenabteilung 451 des Gebirgsko
abgestellt worden ist – denn
Truppennachrichtenpersonal t
Vorstöße in der Waffenfarbe des
genen Truppenteils und dazu
»Blitz«-Abzeichen, in c
selben Farbe,
linken Obera

Links am Kop
wird eine spät
Ausführung der
stolentasche für
P38 getragen.
vier weißen Stre
an den aus gra
Wolle gestrick
Socken zeigen
Größe an (es
insgesamt
Größen). Die B
stiefel aus braur
Leder sind privat
so

Nachdem den Alliierten im Mai 1944 endlich ein tiefer Einbruch in die Gustav-Linie bei Monte Cassino gelungen war, konnten sie ihren Vormarsch auf Rom wieder aufnehmen. Dabei gelang es ihnen, die Nahtstelle zwischen dem XIV. Panzerkorps im Süden und dem LI. Gebirgskorps im Norden durchzustoßen und diese beiden Großverbände zu überflügeln. Deutsche Truppen müssen sich auf die Cäsar-Linie zurückziehen. Um ihnen Zeit zu verschaffen, bleiben starke Nachhuten am Feind, mit dem Auftrag, dessen Vormarsch zu verlangsamen. Bei diesen befinden sich natürlich auch Fernsprecher und Funker. Die hier dargestellte Figur gehört zu einer Nachhut, die aus ihrer verdeckten Stellung an einem Berghang, irgendwo zwischen Arce und Ceprano, das Vorgehen der Amerikaner beobachtet und einen Feuerschlag der Artillerie auf die Straßenkreuzungen, Brücken und Truppenansammlungen auslöst.

Italien 1944

Wenn die Kabeltrommel auf dem Rücken getragen wird, ist der Lederriemen, mit dem die Kabelbremse betätigt wird, deutlich zu sehen.

Oben: Der Soldat trägt die schwere Feldkabeltrommel nun wieder vor der Brust. Das 1939 von der Expresswerke AG gebaute Gerät ist mit stabilen Tragriemen aus braunem Leder versehen. Die Rückentrage besteht aus feldgrau lackierten Stahlrohren. Zwischen der oberen und der unteren Querstrebe ist eine dicke, lederverstärkte Segeltuchauflage gespannt, die zusammen mit einem braunen Lederpolster in Hüfthöhe das Tragen erleichtern soll. Die mit Schnallriemen versehene Tasche auf dem Lederpolster enthält verschiedenes Zubehör. Mit dieser Ausrüstung kann der »Strippenzieher« die 300 m Feldkabel durch einfaches Betätigen der Kurbel abspulen.

Unten: Die kurze Hose aus schilfgrünem Drillich ist wohl vom Kompanieschneider aus einer Rundbundhose angefertigt worden. Der Hosenschlitz wird mit sechs Knöpfen aus beigem Kunststoff geknöpft, und das kurze Gürtelstück aus Grundtuch darüber wird mit der links angenähten Zweidornschnalle geschnallt. Durch die fünf Gürtelschlaufen (zwei vorne, drei hinten) kann das Koppel geschlauft werden. Anders als die Gesäßtasche hinten rechts werden die eingesetzten schrägen Seitentaschen und die Uhrtasche nicht geknöpft. Der kleine Metallring über der Uhrtasche ist für die Uhrkette bestimmt. Futter und Taschenbeutel der Hose sind aus weißer Baumwolle.

Funker, Italien 1944

Auch die feldgraue Feldmütze dieses Funkers ist kein dienstlich ausgegebenes Stück. Bei dieser Mütze wurde der Umschlag ringsum am oberen Rand festgenäht; sie hat ein grünes Futter und ein ledernes Schweißband. Hoheitsabzeichen und Kokarde sind jeweils auf einem feldgrauen Grund gewoben und übereinander an der Vorderseite festgenäht. Links am Umschlag ist wieder das Edelweiß-Abzeichen der Gebirgstruppen befestigt. Die Tarnbluse ist ebenfalls vom Schneider der Einheit angefertigt worden, aus dem üblichen Zeltbahnmaterial. Vorne herab wird die Bluse durch fünf große Kunststoffknöpfe geschlossen, wie auch die geschweiften Taschenpatten der beiden aufgesetzten Seitentaschen; die Ärmelmanschetten hingegen werden mit Feldblusenknöpfen geknöpft.

Die Tuchhose aus feinem steingrauen Tuch hat 14 napfförmige Leichtmetallknöpfe: acht sind am Bund angenäht, zum Einknöpfen der Hosenträger, fünf verschließen den Hosenschlitz und der letzte Knopf ist zum Schließen der Gesäßtasche gedacht. Die Seitentasche sowie die Uhrtasche sind nicht verschließbar. Auf der Rückseite ist in Hüfthöhe ein mit einer Zweidornschnalle versehener Schnallgurt angesetzt, der zum Verstellen der Leibweite dient. Die Hosenbeine sind gerade geschnitten. Das Hosenfutter ist aus grauer Kunstseide, die Taschenbeutel aus weißer Baumwolle.

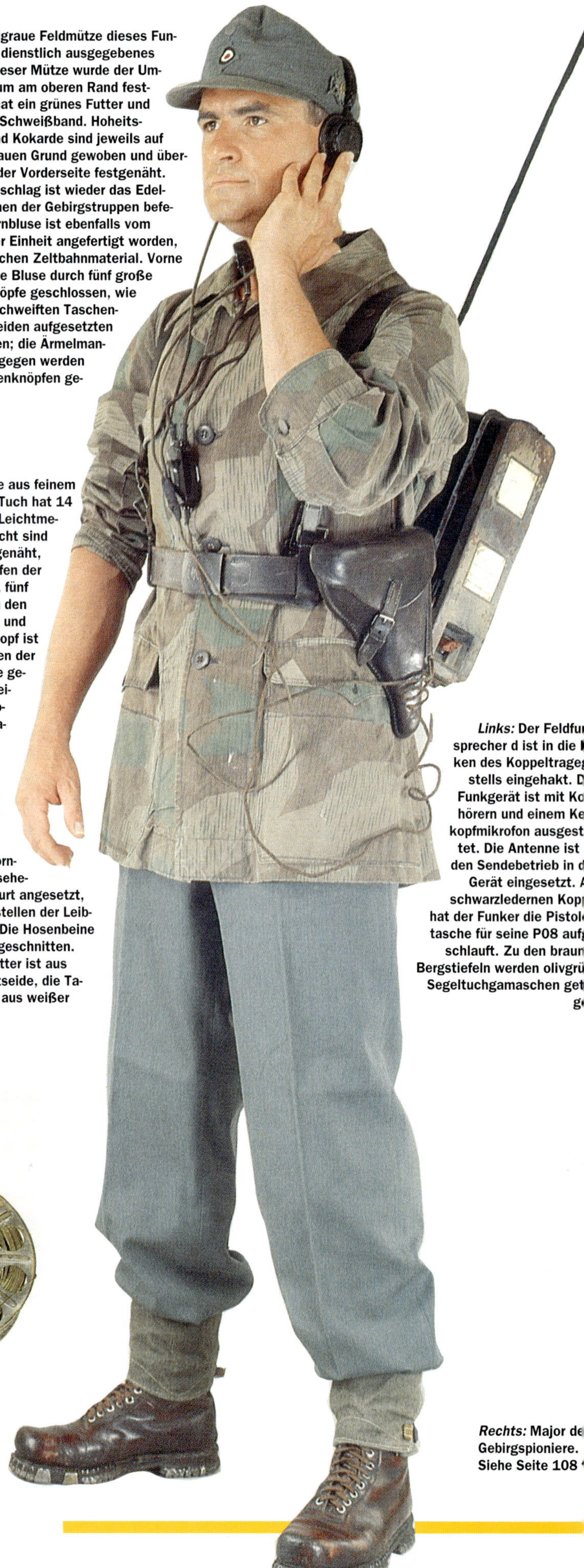

Links: Der Feldfu
sprecher d ist in die
ken des Koppeltrage
stells eingehakt. D
Funkgerät ist mit Ko
hörern und einem Ke
kopfmikrofon ausgest
tet. Die Antenne ist
den Sendebetrieb in d
Gerät eingesetzt.
schwarzledernen Kop
hat der Funker die Pistol
tasche für seine P08 auf
schlauft. Zu den braun
Bergstiefeln werden olivgrü
Segeltuchgamaschen get
g

Unten: Der Feldfernsprecher 33 ist in einem braunen Bakelitgehäuse untergebracht. Die Vermittlungseinrichtung und der Handapparat sind schwarz. Bei geschlossenem Deckel wird der Handapparat durch eine kleine Stahlfeder fest in die Aussparungen gepreßt. Neben dem Feldfernsprecher liegt eine kleine, olivgrün lackierte Kabelspule mit gelben Holzgriffen.

Rechts: Major de
Gebirgspioniere.
Siehe Seite 108

Infanterieoffizier der Division

Am 1. Dezember 1944 wurde dem am 11. April 1910 in Cunnersdorf/Sachsen geborenen Leutnant Helmut Hampel die Nahkampfspange in Gold verliehen, eine der höchsten Auszeichnungen, die ein deutscher Infanterist erringen konnte. Dazu war der nachgewiesene Einsatz an 50 Nahkampftagen erforderlich – Tagen, »...an denen die auszuzeichnenden Kämpfer Gelegenheit fanden, ‚das Weiße im Auge des Feindes zu sehen', d.h. mit Nahkampfwaffen mit dem Gegner Mann gegen Mann im Kampf bis zur letzten Entscheidung gestanden zu haben«.
Der 34jährige Offizier war zu diesem Zeitpunkt Zugführer in der Stabskompanie des Panzerfüsilier-Regiments »Großdeutschland« [1], das im südlichen Ostpreußen bei Willenberg in Bereitstellung lag.

Unten: Die 2. Ausführung des »Großdeutschland«-Ärmelstreifens wurde im Oktober 1940 eingeführt. Das schwarze Tuchband trägt den Divisionsnamen in deutscher Schreibschrift, der in silbergrauem Garn maschinengestickt ist, so wie die beiden Randstreifen auch.

Oberleutnant Hampel trägt eine Feldmütze alter Art aus feinem feldgrauen Tuch, die ohne Mützenkordel oder Knöpfe zu tragen ist. Um den bläulich-dunkelgrünen Besatzstreifen und um den Deckelteil herum ist die Mütze in der Waffenfarbe der Infanterie vorgestoßen, das Hoheitsabzeichen und der Eichenlaubkranz mit Kokarde sind auf Abzeichentuch maschinengewoben. Der Schirm ist aus schwarzem Lackleder. Die Feldbluse für Offiziere ist aus feldgrauem Tuch von typischer »Spätkriegsqualität« geschneidert (*vgl. dazu Seite 17 und Seite 108*). Sie wird durch sechs mattgraue Knöpfe geschlossen, die auch bei den Taschen und Schulterstücken Verwendung finden. Die Unterlage der in der Armlochnaht eingenähten Schulterstücke zeigt die weiße Waffenfarbe, während auf den Plattschnursträngen selbst das Truppenkennzeichen der »Großdeutschland«-Verbände aufgesteckt ist, ein verschlungenes, lateinisches 'GD', das eigentlich aus dem gleichen gelben Metall wie der Rangstern des Oberleutnants sein müßte, deren Farbe sich jedoch abgerieben hat. Auf den bläulich-dunkelgrünen Kragenpatten sind handgestickte Doppellitzen aus Aluminiumgespinst angebracht, in deren Litzenspiegel sich die weiße Waffenfarbe der Infanterie »spiegelt«. Über der rechten Brusttasche ist ein aus Aluminiumfaden handgesticktes Hoheitsabzeichen auf Abzeichentuch angenäht. Der Ärmelstreifen wird vorschriftsgemäß am rechten Unterarm, 1 cm über dem Ärmelumschlag getragen.

Die Nahkampfspange in Gold
über der linken Brusttasche an
steckt, auf der sich noch die
genden Steckauszeichnungen
finden: EK I, Infanterie-Sturmab
chen und Verwundetenabzeich
in Silber (für drei- und viermal
Verwundungen oder Beschädig
gen). Das Ordensband des E
ist durch das zweitoberste Kn
loch der Bluse gezogen und fe
genä

Auf dem braunen Leib
men ist eine Pistolentas
für die P38 aufgeschla
Die Stiefelhose mit sc
nannten Elefantenohren
aus feldgrauem Grundtu
das sich farblich jedoch
was von dem der Bluse
terscheidet. Die schw
ledernen hohen Stiefel s
auf Hochglanz poli

[1] Seit 1. Oktober 1942 »Ehrenbezeichnung« des bis dahin Infanterieregiment 2 »GD« genannten Truppenteils.

»Großdeutschland«, Ostpreußen 1944

Diese Offizierfeldmütze neuer Probe aus feldgrauem Grundtuch ist um den Deckelrand und um den bogenförmigen Ausschnitt an der Vorderseite mit heller Aluminiumlitze vorgestoßen. Auch das Hoheitsabzeichen und die handgestickte Kokarde entsprechen der für Offiziere vorgeschriebenen Ausführung.

Der Oberleutnant trägt über seiner Uniform nun einen graugrünen Regenmantel aus gummiertem Stoff, der in Schnitt und Machart dem Tuchmantel entspricht. Allerdings ist der Kragen, der mittels Haken-Ösen-Verschluß zugehakt wird, aus dem gleichen wasserabweisenden Material wie der Mantel. Die Ärmelumschläge werden nur durch eine Saumnaht angedeutet. Sämtliche Knöpfe sind mattgrau lackiert. Die Schulterstücke sind mittels Zunge und Schlaufe aufgeknöpft, der Rangstern und das verschlungene ‚GD' sind aus gelbem Metall geschlagen.

Unten: Wilhelm Ernst Peekhaus war auch für den Entwurf der Nahkampfspange verantwortlich. Die am 25. November 1942 gestiftete Auszeichnung wurde in drei Stufen verliehen, von denen hier die höchste Stufe abgebildet ist, die aus vergoldetem Zink besteht. Die Nahkampfspange in Gold wurde, soweit bekannt ist, insgesamt nur 538 mal verliehen.

Stabsoffizier der Gebirgspioniere,

Die Feldbluse für Offiziere ist aus feinem Tuch maßgeschneidert. Der Kragen aus bläulich-dunkelgrünem Abzeichentuch wird mit zwei Paar Haken und Ösen geschlossen; auch die parallelogrammförmigen Kragenpatten sind aus Abzeichentuch. Die handgestickten, mattaluminiumfarbenen Doppellitzen zeigen in den Litzenspiegeln die schwarze Waffenfarbe der Pioniere. Die Schulterstücke des Majors sind mit ihrer waffenfarbenen Unterlage in der Armlochnaht eingenäht. Auf dem Geflecht aus zwei hellaluminiumfarbenen Plattschnursträngen ist jeweils die Bataillonsnummer ‚95' aus Gelbmetall angebracht. Das handgestickte Hoheitsabzeichen an der rechten Brust besteht aus Aluminiumgespinst. Am rechten Oberarm wird das Ärmelabzeichen der Gebirgstruppen getragen, 1 cm über dem linken Ärmelumschlag ist das Ärmelband »Kreta« festgenäht.

Links: Der Major trägt hier die aus fein feldgrauen Tuch gefertigte Offiziersa führung der Einheitsfeldmütze, die s 1943 die Bergmütze ersetzt. Hohei abzeichen und Kokarde sind auf nem gemeinsamen Grund hand stickt. Auf der linken Seite der M ze ist das geprägte Edelweiß-Abz chen der Gebirgstruppen befesti

Italienfront im Januar 1944. Unser Major ist mit seinem Gebirgspionier-Bataillon 95 beim Ausbau der Gustav-Linie eingesetzt. Hier, nördlich von Monte Cassino, verteidigt die 5. Gebirgsdivision, zu der sein Bataillon gehört, ihren Abschnitt gegen die nordafrikanischen Kolonialtruppen des freifranzösischen Generals Juin.
Auch vor drei Jahren war der Offizier bereits dabei, als sein Bataillon am 24. Mai 1941 die Stadt Kastelli im Nordwesten der Insel Kreta eroberte.

Oberhalb der linken Brusttasche wird die kleine Ordensspange getragen, die folgende Auszeichnungen umfaßt (von links nach rechts): Eisernes Kreuz 2. Klasse, Medaille »Winterschlacht im Osten 1941/1942« und Wehrmacht-Dienstauszeichnung für vier Dienstjahre; die nächste Stufe wurde erst nach zwölf Dienstjahren verliehen.

Links: An der linken Brusttasche ist ein EK I angesteckt, das insofern ungewöhnlich ist, als daß seine Platte schwarz emailliert ist. Das darunter getragene weißmetallene Allgemeine Sturmabzeichen – ursprünglich einmal als »Pionier-Kampfabzeichen« gedacht – wurde am 1. Juni 1940 gestiftet und war bestimmt für die »Waffenteile [...], die weder unter die Bestimmungen für die Verleihung des ‚Infanteriesturmabzeichens' noch [...] des ‚Panzerkampfabzeichens, fallen«. Das Heeresbergführerabzeichen zeigt ein altsilberfarbenes Edelweiß mit gelbem Mittelstück auf grün emailliertem Grund, umgeben von einer weiß emaillierten, goldgeränderten Umrandung mit der Aufschrift ‚Heeresbergführer' in schwarzer, gotischer Schrift. Das Abzeichen wurde bereits am 12. Dezember 1929 bei der Reichswehr eingeführt.

Für die maßgeschneiderte Stiefelhose, deren Beinschlitze durch Reißverschlüsse geschlossen werden, wurde feines, steingraues Tuch verwendet. Die hohen Stiefel aus schwarzem Leder sind von ausgezeichneter Qualität.

Italien 1944

chts: Diese Feldmütze hat auch
ıon bessere Tage gesehen. Der
stoß aus Aluminium um den
ckel und die beiden hellalumini-
farbenen Knöpfe weisen den
ger als Offizier aus, das in ei-
m Stück gewobene Hoheitsab-
chen mit Kokarde auf T-förmi-
m Grund ist allerdings die Mann-
aftsausführung. Auch an dieser
ıtze ist das Edelweiß-Abzeichen
gebracht.

Rechts: Die weit geschnittene Windbluse wird über der übrigen Bekleidung getragen. Dieses Kleidungsstück aus imprägniertem Gewebe ist auf beiden Seiten völlig gleich gearbeitet, so daß je nach Bedarf die weiße oder graue Seite nach außen getragen werden kann. Die durch je fünf Schnürlöcher auf beiden Seiten des Brustschlitzes laufende Kordelschnur erlaubt es, diesen bis nach oben zuzubinden; mit der links angenähten Klappe, die sich an drei Knöpfen auf der rechten Seite festknöpfen läßt, kann die Bluse dann winddicht geschlossen werden. Zudem kann die Kapuze noch mit einer Kordelschnur verengt werden, die in einem Durchzug läuft. Mit der gleichen Vorrichtung läßt sich die Bluse auch um die Taille engerstellen. Die drei Taschen auf der Brust sind mit leicht spitz zulaufenden, knöpfbaren Patten versehen. Die Knöpfe auf den Oberarmen dienen dem Befestigen von Erkennungsbändern.

vor er in den
satz geht,
d der Major
ne restliche
srüstung an-
en und sich
ätzlich zu
ner P38 (in
 zugehöri-
n schwarzen
sche) noch
 einer Ma-
ıinenpistole
waffnen, de-
 Magazinta-
ne ebenfalls
 dem
briemen auf-
schlauft
d.

s Leder der
usten Berg-
efel wurde
schwärzt.
 Stiefel, de-
 Absätze
d Sohlen mit
tallenen
ıraubstollen
d sogenann-
 Jägerstif-
 benagelt
d, werden
ch je acht
ar Schnürö-
ı geschnürt.

Die Ärmelenden können durch ein schmales Band verengt werden, das mit einer Friktionsschnalle geschlossen wird. Um ein Hochwehen der Bluse zu verhindern, ist auf der Rückseite ein breiteres Band festgenäht, das zwischen den Beinen durchgezogen und vorne an einem Knopf festgeknöpft werden kann. Hinten sitzen in Hüfthöhe zwei weitere Taschen mit knöpfbaren Taschenpatten.

In den Bund der Überhose ist vorne ein Gurtband als Gürtel eingesetzt, das mit einer Dreidornschnalle geschlossen wird. Die Taschenpatten der beiden Hosentaschen sind mit Presspappeknöpfen verschließbar. Die Beinenden lassen sich durch Schnüre verengen, die im Saum laufen.

Unten: Das ovale Ärmelabzeichen des Majors ist auf Abzeichentuch handgestickt. Für Stiel und Blätter wurde grünes Garn verwendet, für den Blütenstand goldfarbenes Garn, und für das Edelweiß, das verschlungene Bergseil und den Berghaken wurden verschiedenfarbige Aluminiumgespinste benützt.

Unten: Das 1942 als Kampfabzeichen gestiftete Ärmelband »Kreta« konnte an »Wehrmachtangehörige verliehen werden, die auf der Erde, in der Luft oder zur See an den Kampfhandlungen um Kreta unmittelbar teilgenommen haben«. Das Ärmelband besteht aus einem weißen, 33 mm breiten Stoffband mit gelben Randstreifen und der in gelber Baumwolle maschinengestickten, lateinischen Aufschrift ‚KRETA'. Je nach Ausführung *(siehe unten)* sind beiderseits dieser Aufschrift je 13 oder 15 Akanthusblätter angeordnet, ebenfalls in gelber Baumwolle.

Unteroffizier der Panzeraufklärungs-abteilung »Großdeutschland«,

Der Unteroffizier trägt eine schwarze Einheitsfeldmütze in der Ausführung für Mannschaften und Unteroffiziere. Das mausgraue Hoheitsabzeichen ist mit der Kokarde zusammen auf einem T-förmigen Untergrund gewoben. Die Knöpfe, die den Umschlag vorne schließen, sind schwarz lackiert. Die Mütze ist mit grauer Kunstseide gefüttert. Die hüftlange Feldjacke ist aus schwarzem Grundtuch gefertigt; das schräg geschnittene linke Vorderteil ist mit der verdeckten Knopfleiste auf vier Knöpfe auf dem rechten Vorderteil übergeknöpft. Innen verlaufen Zugbänder zum Verengen der Jacke um die Taille. Die Ärmel verfügen auf der Rückseite über einen Schlitz, der mit zwei Knöpfen geschlossen wird. Der Ärmelstreifen ist 15 cm über dem rechten Ärmelrand festgenäht. Die Schulterklappen sind abnehmbar angebracht. Die rechteckigen Kragenpatten, auf denen der aus Leichtmetall geprägte Totenkopf der gepanzerten Verbände aufgesteckt ist, sind in der Waffenfarbe vorgestoßen. Das an der rechten Brust getragene Hoheitsabzeichen wird hier durch die Brustklappe verdeckt. An der linken Brust sind das EK I und das Panzerkampfabzeichen der II. Stufe angesteckt.

Anfang Oktober 1944 wurde die Panzergrenadierdivision »Großdeutschland« in Litauen, westlich von Schaulen eingesetzt. Sie sollte hier den Durchbruch starker sowjetischer Panzerverbände zur Ostsee bei Memel, im äußersten Norden Ostpreußens, aufhalten. Hier konnten auch, zuerst im Raum Tryskiai, die »Hetzer« der 1. Kompanie und die Schützenpanzerwagen der 2. und 3. Kompanie der Panzeraufklärungsabteilung »GD« immer wieder mit Erfolg gegen die ständigen Umgehungsversuche des Gegners eingesetzt werden.
Unsere Studie zeigt einen Unteroffizier dieser Abteilung in den anschließenden Verzögerungsgefechten entlang der Eisenbahnlinie Plungen-Memel.

An der linken H
te wird eine »K
fertasche« für
Pistole 08 ge
gen. Das schw
lederne Kop
wird von ein
mattgrauen K
pelschloß
schlossen, das
Stahlblech gepr
ist. Die schwa
Feldhose ist
dem gleichen S
wie die Jacke
schnitten und
fügt über ein
gesetz
schwarzes G
band, das mit
ner Dreid
schnalle angep
wird. Die vere
geschnittenen
senbeine wer
mittels Knöp
und Zugbänd
geschlossen.
schwarzen Sch
stiefel aus Le
sind unbenag

Links: Die in der Waffenfarbe vorgestoßenen Schulterklappen sind aus schwarzem Grundtuch gefertigt und mit hellaluminiumfarbener Unteroffiziertresse als Dienstgradabzeichen versehen. Das Truppenkennzeichen der Abteilung, ein verschlungenes gotisches ‚GD' (für »Großdeutschland«), ist in der Waffenfarbe direkt auf die Schulterklappen aufgestickt.
Die Waffenfarbe der Panzeraufklärer war ursprünglich rosa, mit einem gotischen ‚A' auf den Schulterklappen. Im Jahr 1939 sollte sie dann in kupferbraun geändert werden, was aber mit Kriegsausbruch ausgesetzt wurde. Erst mit Verfügung vom 29. November 1944 erhielten die Panzeraufklärer schließlich das Goldgelb der Kavallerie als Waffenfarbe.

Litauen 1944

ch dieser Tarnanzug ist aus
ltbahnmaterial in dem üblichen
eres-Splittermuster gefertigt
rden. Für die Jacke und die
tarnte Feldmütze (die ein grü-
s Futter hat) wurde ein etwas
nklerer Stoff verwendet als für
Hose, und sie sind auch we-
ntlich besser gearbeitet als die-
Es ist anzunehmen, daß sie
n Kompanieschneider angefer-
t wurden, während die Hose
einem weniger begab-
zivilen Schneider
mmen mag.

Die Tarnjacke, zu der dasselbe graue Stoffhemd getragen wird, wie auf der gegenüberliegenden Seite, wird vorne herab durch fünf Feldblusenknöpfe geschlossen; das linke Ende des Bundes ist etwas verlängert und wird mit einem weiteren Knopf vor der rechten Hüfte geknöpft. Die beiden eingesetzten Brusttaschen sind mit knöpfbaren, rechteckigen Taschenpatten versehen. In dem grauen Innenfutter der Jacke ist eine Innentasche eingesetzt. Die abnehmbaren Schulterklappen sind mit denen der schwarzen Feldjacke identisch. Die Tarnhose wird durch einen Gürtel gehalten, der durch mehrere Gürtelschlaufen läuft. Der Hosenschlitz wird durch vier und die beiden aufgesetzten Taschen auf den Oberschenkeln durch je einen der napfförmigen Leichtmetallknöpfe geschlossen, die auch für Zeltbahnen verwendet werden. Um die Knöchel werden die Beinenden durch Schnüre in einem Durchzug zugebunden.

Unten: Der Ärmelstreifen trägt den Divisionsnamen – »Großdeutschland« – in deutscher Schreibschrift. Sowohl die Namensstickerei als auch die Randstreifen auf dem schwarzen Tuchband sind in silbergrauem Garn ausgeführt.

Unten: Das ursprüngliche Panzer-Kampfabzeichen wurde am 20. Dezember 1939 eingeführt (und hieß bis zum 1. Juni 1940 noch »Panzerkampfwagenabzeichen«) und war zuerst ausschließlich den Angehörigen von Panzereinheiten vorbehalten. Seit Ende 1942 konnten auch Kradmelder und Angehörige von Instandsetzungstrupps der Panzereinheiten damit beliehen werden, wobei die Verleihungsbedingungen jeweils dieselben waren – die Bewährung bei dreimaligem Einsatz im Gefecht an drei verschiedenen Tagen. Am 22. Juni 1943 wurden dann vier höhere Stufen zum Panzer-Kampfabzeichen geschaffen, darunter die hier gezeigte II. Stufe (mit der Einsatzzahl ‚25'), die nach 25 anrechnungsfähigen Einsätzen an unterschiedlichen Kampftagen verliehen werden konnte. Dieses Abzeichen konnte aber auch nach 15 Monaten ununterbrochenen Einsatzes an der Front oder nach schwerer Verwundung (bei mindestens 18 Einsatztagen) verliehen werden. Die anrechnungsfähigen Einsatztage wurden von den Kompaniechefs festgehalten.
Das von dem Berliner Kunstmaler und Gebrauchsgraphiker Peekhaus entworfene Abzeichen besteht aus einem ovalen Eichenlaubkranz, in dem sich ein Panzer IV befindet; auf dem oberen Teil des Kranzes ist das Hoheitsabzeichen der Wehrmacht angebracht. Der Panzer und das Plättchen mit der Einsatzzahl sind aus geschwärztem Metall (hier allerdings schon ziemlich abgerieben), der Rest des Abzeichens ist silbern gefärbt.

Obergefreiter der Infanterie,

Ursprünglich war der Stahlhelm 42 schie
grau lackiert, hat jedoch in der Zwischen
einen Tarnanstrich aus sandfarbener und
grüner Farbe erhalten, der Sand oder Erde
gemischt wurde, um einen rauhen, matten
strich zu erhalt

Die erste der sechs »Kurland-Schlachten«
gann am 27. Oktober 1944 und die Män
der Heeresgruppe hielten ihre Inselstell
bis zur allgemeinen Kapitulation am 8.
des nächsten Jahres. Für die dazwischen
gende kalte Jahreszeit war also die von
Obergefreiten getragene, wattierte Jacke
mittleren Wintertarnanzuges genau das ric
ge Kleidungsstück. Die entlang der Vor
front verlaufende Windschutzleiste wir
nen mit sechs Metallknöpfen gege
knöpft und bildet so einen dichten
schluß. Um den Rand der Kapuze, in
Gürtellinie und am Unterrand der Ja
sind Durchzüge zum Verengen der Ja
die Ärmel lassen sich mittels e
knöpfbaren Lasche engerstellen.
hier nach außen getragene Seite
Jacke zeigt das frühe Heeres-Sur
muster, während die Innenseite
üblich weiß gehalten

»Sie kommen!« Die Soldaten der aus der 16. und 18. Armee gebildeten Heeresgruppe Kurland (18 Divisionen), die zwischen Ostsee und Rigaer Meerbusen eingeschlossen waren, wurden immer wieder von überlegenen sowjetischen Kräften berannt, denen südlich von Libau der Einbruch mit acht Divisionen gelang. Die dort eingesetzte (rhein.-westf.) 126. ID war »mitten im Gewühle«. Es gelang es ihr unter Aufbietung letzter Reserven, die Durchbruchstelle abzuriegeln und eine neue Verteidigungslinie aufzubauen – alle 100 m lagen zwei Mann.

Unten: Die Schaffung des zu den Kampfabzeichen zählenden »Kurland«-Ärmelbandes wurde von Generaloberst von Vietinghoff angeregt, der kurzzeitig OB der Heeresgruppe war. Am 12. März 45 wurde ein entsprechendes Ärmelband gestiftet – es war die letzte Auszeichnung, die für Angehörige der deutschen Wehrmacht geschaffen wurde. Die Ärmelbänder wurden von lettischen Frauen in einer Weberei im kurländischen Goldingen hergestellt; ab Ende April 45 wurde mit den Verleihungen begonnen. Voraussetzung war die Teilnahme an mindestens drei »Kurland-Schlachten« oder Verwundung bei einem Kampfeinsatz. Angehörige der rückwärtigen Dienste, die mindestens drei Monate im Bereich der Heeresgruppe Kurland eingesetzt waren, konnten ebenfalls mit dem Ärmelband beliehen werden.

Am schwarzen Koppel werden nicht nur
Patronentaschen für den Karabiner 98k ge
gen, sondern auch zwei Stielhandgran
und eine Eihandgranate, die in einen
Knöpfriemen eingehängt ist. Die feldg
Hose steckt in Marschstie

Links: Da die Ärmelbander vor Ort gefe
wurden, zum Teil sogar in Heimarbeit, gib
etliche unterschiedliche Ausführungen da
Es gibt gewobene Bänder *(links oben)*,
schinengestickte Bänder *(links Mitte un
ten)* und sogar welche, die im Stoffdruck
fahren hergestellt wurden. Das zwische
mm und 40 mm breite Tuchband ist vo
bergrauer bis schmutzigweißer Farbe
trägt die Aufschrift 'KURLAND' in lateinis
Schrift. Links davon ist das Wappen des D
schen Ordens mit dem Hochmeisterkreuz
gestellt. Rechts davon befindet sich das
penschild von Mitau, der Hauptstadt
lands, mit dem Elchkopf. Aufschrift, Wa
und Randstreifen sind schwarz geha

Kurland 1944/45

8. Mai 1945 mußte die Deutsche Wehr-cht kapitulieren, doch unser Obergefrei-war noch nicht soweit. Zusammen mit n anderen Überlebenden des I./Grena-rregiment 442 ging er an diesem Tag Libau an Bord des Minensuchers »M 4« Kriegsmarine, der sie alle glücklich bis die Ostseeküste von Schleswig-Holstein chte. Und erst hier, nach der Landung am Mai war für sie der Krieg zuende und sie rschierten in die britische Gefangenschaft. ch die fast 200.000 Mann der Kurlandfront, nicht mehr evakuiert werden konnten, muß-für lange Jahre in die sowjetischen Lager hen, sofern sie sich nicht den lettischen aldwölfen« anschlossen.

Das feldgraue Tuch der Einheitsfeldmütze hat den gleichen Farbton wie die Hose. Hoheitsabzeichen und Kokarde sind in einem Stück auf trapezförmigem Grund gewoben und vorne an der Mütze angenäht. Der Umschlag wird mit zwei gekörnten Metallknöpfen geknöpft.

Stoffqualität der hier getra-en Feldbluse ist für die End-se des Krieges typisch. Die ulterklappen sind in der ißen Waffenfarbe der Infan-e vorgestoßen, zu der die nner des Grenadierregi-nts 442 gehören. Auf dem grauen Kragen sind usgraue Einheitslitzen oh-Patten aufgenäht. Das feldgrauem Grund gewo-e Hoheitsabzeichen auf rechten Brust ist eben-s mausgrau. Am linken erarm werden die Ober-eitenwinkel aus Unter-ziertresse auf einer Un-age aus Grundtuch ge-en. Die mit sechs pfen zu schließende se hat vier aufgesetz-Taschen mit Quetsch-en, die über ge-weifte Taschenpat-verfügen. Alle sicht-en Knöpfe sind feld-u lackiert.

Rechts: Die vier Knöpfe, mit denen der Hosenschlitz geknöpft wird, sind aus schwarzem Kunststoff, während zum Anknöpfen der Hosenträger napfförmige Knöpfe aus Leichtmetall um den Hosenbund verteilt sind. Der Verstärkungsstreifen an der linken Kante des Hosenschlitzes ist aus grauem Futterstoff. Der Schnallgurt unter dem Ausschnitt auf der Rückseite wird mit einer Zweidornschnalle verstellt.

Oben: Das Ärmelband »Kurland« ist 15 cm über dem linken Ärmelrand festgenäht. An der kleinen Ordensspange oberhalb der linken Brusttasche werden die Ordensbänder des EK II, des KVK II und der Ostmedaille getragen; darüber ist die Nahkampfspange in Bronze angesteckt, eine hart verdiente Auszeichnung, die für 15 Nahkampftage verliehen wurde. Auf der Brusttasche trägt der »OG« das EK I und das Infanterie-Sturmabzeichen.

Unten: Die Tuchhose ist aus feldgrauem Grundtuch gefertigt, das einen leicht bräunlichen Stich aufweist. Der Bund ist mit einem weißem Stoff gefüttert, aus dem auch die Taschenbeutel der Seitentaschen und der Gesäßtasche bestehen. Mit Ausnahme der Uhrtasche werden alle Taschen mit je einem Kunststoffknopf geschlossen.

Staffelkapitän des Jagdgeschwaders

Der obere Teil der Netzkopfhaube LKp N 101 besteht aus einem leichten, netzartigen Material, das über den Scheitel durch einen schwarzen Lederstreifen verstärkt wird. Für den Rest der Haube wird schwarzes Leder verwendet. Die Kopfhörer sind in den braunen Lederpolstern integriert, ihr Verbindungsstecker befindet sich auf der Rückseite der Kopfhaube. Die im Flugzeug getragene Sauerstoffmaske wird an den in Wangenhöhe angebrachten Metallfassungen festgehakt. Das Kehlkopfmikrofon wird von zwei Lederriemen an seinem Platz gehalten. Die Schwimmweste ist aus gelbem, gummiertem Material und wird vorne durch drei Schnallriemen gesichert. Die kleine Preßluftkartusche, die in einer Halterung auf der linken Schwimmkammer steckt, dient dazu, die Weste nach einer Wasserlandung mit Luft zu füllen. Im Notfall kann sie jedoch auch »manuell« aufgeblasen werden, wofür der kurze Schlauch mit Mundstück an der linken Brustseite gedacht ist. Die schwarzen Flieger-Lederhandschuhe mit Stulpe werden um die Handgelenke durch ein Lederband mit Druckknopf engergestellt.

An seiner Lederjacke trägt der Offizier seine Leutnantsschulterstücke und das aus Aluminium geprägte Hoheitsabzeichen der Luftwaffe.

Am braunen Leibriemen wird links eine Pistole vom Kaliber 6,35 mm in der passenden Pistolentasche getragen und rechts ein Kompaß.

Die Hose des zweiteiligen, blaugrauen Flieger-Schutzanzuges ist mit Webpelz gefüttert. Diese sogenannte »Kanalhose« wird durch Hosenträger hochgehalten und verfügt zudem über einen angesetzten Gürtel um die Taille. Der lange Reißverschluß, der von der Hüfte bis tief in den Schritt reicht, wird am Bund durch eine Druckknopfvorrichtung gesichert. Die Hosenbeine werden durch Reißverschlüsse auf der Innenseite geschlossen und lassen sich dadurch auch über den Fliegerstiefeln tragen.

Um das Deutsche Reich endlich in die Knie zu zwingen, flogen die alliierten Luftwaffen unablässig Bombenangriffe gegen die deutschen Städte und legten überall im Reich die Innenstädte und Fabrikanlagen in Schutt und Asche.
Gegen diesen schier übermächtigen Gegner kämpften die Flieger des Jagdgeschwaders »Richthofen« 2 bis zum bitteren Ende unermüdlich an, um ihre Heimat vor der totalen Vernichtung zu bewahren.

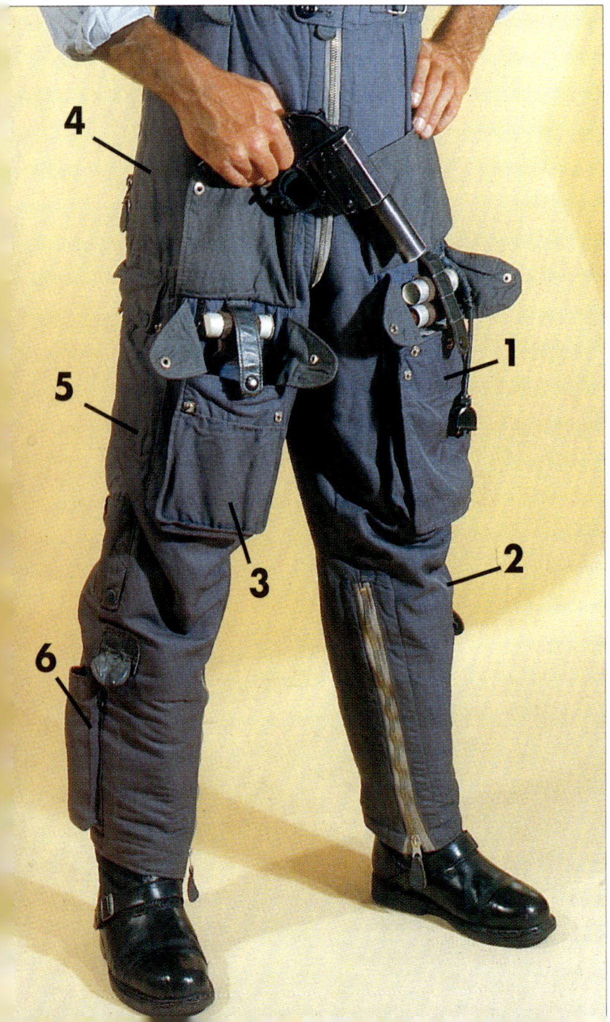

Links:
1 Die mit Druckknöpfen verschließbare große Tasche auf dem linken Oberschenkel nimmt die Signalpistole samt Signalmunition auf (die in speziellen Halterungen steckt), das Kappmesser, sowie die Kabel und Steckverbindungen für das Heizungssystem.
3 Oberschenkeltasche, ebenfalls für Signalmunition, Kartenblätter und ähnliches.
4 Senkrechte Tasche mit Reißverschluß.
5 Mit Druckknöpfen verschließbare Tasche für eine Pistole.
2+6 Senkrechte, mit Reißverschluß verschließbare Taschen auf beiden Seiten, für Ersatz-Preßluftkartuschen für die Schwimmweste.

Die blaugraue Einheitsfeldm
weist eine Aluminiumlitze i
Deckelnaht auf, wie sie von Of
ren getragen wird. Privat besch
oder gegnerische Fliegerjacker
ren besonders bei den Jagdflie
der Luftwaffe äußerst bel
Das hier gezeigte Mode
vier Taschen mit horizon
Eingriffen, die durch Reißversc
se (oben), bzw. knöpfbare Tasc
patten (unten) geschlossen we
Zum Schließen der Lederjacke
nen der durchgehende Reißversc
auf der Vorderseite und de
tentverschluß am
ren Bund
Jacke kann
tels Schna
men an be
Hüften e
ge
we

Die mit
pelz gefütt
Flieger-Pelzs
haben ein led
Vorderblat
Schäft
schwarzem
leder, f
Sohlen v
Gumm
we
Zu
gers
der S

Sc
ri
ur
Ris
di
de
geb
Die S
sind er
der
sei
Re
schl
ausg
tet, c
samme
den D
kno
schl
ob
Scha
An- un
zieh
leic

»Richthofen«, Reichsverteidigung 1944

Der erfolgreiche Jagdflieger ist inzwischen zum Hauptmann befördert worden, wie die beiden Rangsterne zeigen, die seine Schulterstücke schmücken. Zu der maßgeschneiderten blaugrauen Fliegerbluse, die hier zum Ausgehanzug getragen wird, hat er die Fliegermütze für Offiziere aufgesetzt. Die Bluse wird entlang der Vorderseite mit fünf Knöpfen geschlossen, die jedoch wegen der verdeckten Knopfleiste nicht sichtbar sind. Die Dienstgradabzeichen des Hauptmanns auf den goldgelben Kragenspiegeln (der Waffenfarbe der Fliegertruppe) sind in Aluminiumstickerei ausgeführt. Auch die Krageneinfassung und das handgestickte Hoheitsabzeichen der Luftwaffe an der rechten Brust sind aus Aluminiumgespinst. Am rechten Ärmel ist das blaue Tuchband des Erinnerungsbandes mit der silbergrauen Aufschrift ‚Jagdgeschwader Richthofen' in lateinischer Schrift festgenäht. An der linken Brust werden folgende Auszeichnungen getragen: das EK I, das Flugzeugführer- und Beobachterabzeichen (gestickte Ausführung) und das Verwundetenabzeichen in Silber. Über diesen ist die Frontflugspange für Tagjäger in Silber (ab 60 Frontflügen) angesteckt. In Höhe des zweiten Knopfloches ist das Ordensband des EK II an der Bluse festgenäht. Rechts, unter dem Hoheitsabzeichen, trägt der Jagdflieger die gestickte Ausführung des Deutschen Kreuzes in Gold. Außerdem wurde ihm das Ritterkreuz des Eisernen Kreuzes verliehen, das um seinen Hals hängt. Die schmucke Uniform, zu der ein brauner Leibriemen und graue Wildlederhandschuhe getragen werden, wird durch ein blaumeliertes Hemd, blaugraue Stiefelhosen und hohe Stiefel vervollständigt.

Oben: Bei der braunen Fliegerjacke liegen hier das Erinnerungsband des Jagdgeschwaders (JG) 2, ein lederner Flieger-Handschuh, eine Schirmmütze und Wildlederhandschuhe, eine Fliegermütze für Offiziere, eine Netzkopfhaube, ein Kompaß, ein Flieger-Kappmesser und eine Signalpistole mitsamt Munition.

Unten: Vor seinem nächsten Einsatz läßt der Fliegeroffizier noch ein Studioportrait von sich machen. Er trägt dazu den kleinen Dienstanzug mit Schirmmütze.

1945

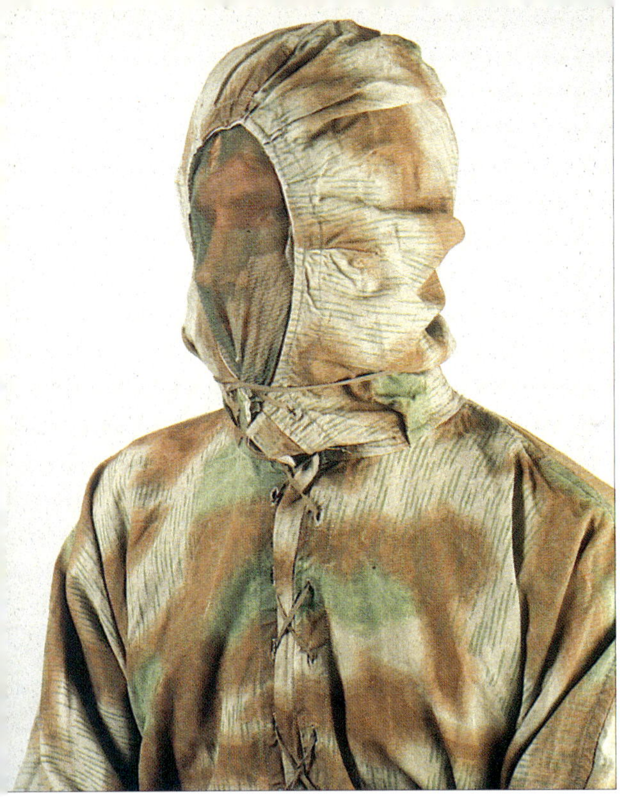

Scharfschütze,

Das Heeres-Tarnhemd verfügt über eine großzügig geschnittene Kapuze, die theoretisch auch über dem Helm getragen werden könnte. Der eingesetzte, feinmaschige Gazeschleier tarnt das Gesicht hervorragend, ohne jedoch das Gesichtsfeld einzuschränken.

Der aus fünf Segmenten zusammengesetzte Tarnüberzug für den Stahlhelm ist aus dünnem Tarnstoff gefertigt. Er wird von einer in einem Durchzug verlaufenden Schnur unter dem Helm gehalten. An dem Überzug sind mehrere waagrecht sitzende Stofflaschen zum Einstecken von Tarnmaterial angenäht.

Die Tarnbekleidung des Scharfsch
zen ist in der als Heeres-Sumpfmus
bezeichneten Tarnung gehalten, v
der es zwei verschiedenen Version
gab. Beide beruhten auf dem Sp
termuster, doch waren die Farb
nicht mehr scharf voneinander a
gegrenzt, sondern hatten weic
verschwommene Übergäng
Tarnhemd und -hose zeigen d
frühe Sumpfmuster, bei dem
Übergänge noch etwas här
waren als bei der späte
Ausführung, die für d
Helmtarnüberzug und
Handschuhe verwend
wur

Das weit geschnittene Tarnhemd hat einen einfachen Brustschlitz zum Schnüren. Die Zugschnur läuft beiderseits durch je sieben umnähte Schnürlöcher. Durch die beiden senkrechten, mit Taschenpatten versehenen Eingriffe auf der Brust (hier nicht zu erkennen) kann man an die Taschen der Feldbluse gelangen. Um die Taille läuft ein Durchzug mit Band zum Engerstellen. Die Ärmel lassen sich durch knöpfbare Strippen verengen.

Die herkömmliche Zeltbahn 31 (in Heeres-Splittermuster) aus dichtgewebtem und wasserabweisendem Stoff, hier zusammengerollt und durch zwei geschwärzte Mantelriemen gehalten.
Die darunterliegenden Fingerhandschuhe mit Stulpen zeigen deutlich den Unterschied zwischen Splitter- und Sumpftarnmuster. Über den Handschuhen liegt eine Magazintasche für das G43; die mit Leder eingefaßten Segeltuchtaschen nehmen je ein Magazin für das Selbstladegewehr auf.

Die getarnten Übe
sen bestehen
dem gleichen le
ten Stoff wie
Tarnhemd, wenn a
in einem etwas du
leren Tarnmuster
gewöhnlich an die
Hose sind die horiz
tal verlaufenden
gentropfen«, die
malerweise vert
fallen sollten).
beiden Seiten sit
vertikale Seite
schen ohne Pat
am rechten O
schenkel ist
schmale Messe
sche eingelassen.
Hose wird durch
knöpfbare Hosen
ger gehalten und
sich durch z
Schnallgurte ver
sen. Hosenträger
Hosenschlitz wer
mit Leichtmetallk
fen gekn

Die Bein-Enden der Hose hängen über die naturfarbenen Schnürstiefel herab, die über je fünf Paar Schnürlöcher und vier Schnürhaken verfügen.

Die deutschen Scharfschützen erwarben sich in Ost und West den Ruf gefürchteter Jäger, die jede Unachtsamkeit beim Gegner mit einem tödlichen Schuß quittierten. Zu Beginn des Krieges vernachlässigt, wurde die Scharfschützenausbildung in der zweiten Hälfte zunehmend forciert – die Wehrmacht richtete eigens Scharfschützenschulen und -lehrgänge ein.
Der auf dieser Doppelseite dargestellte Scharfschütze trägt eine der letzten Ausführungen des Heeres-Tarnanzuges und das Selbstladegewehr G 43 mit Zielfernrohr (ab 1944 als Karabiner K 43 bezeichnet), das 1944-45 verstärkt an Scharfschützen ausgegeben wurde.

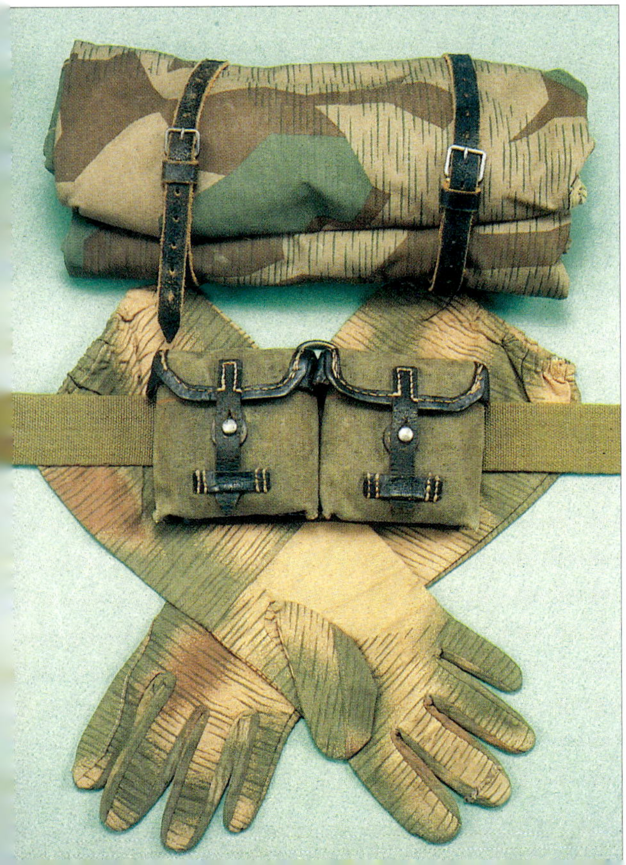

Festung Breslau 1945

r Scharfschütze trägt seine Waffe be-
em im Arm. Das Selbstladegewehr
43 (Kaliber 7,92 mm x 57) ist mit dem
elfernrohr GwZF 4-fach, kurz ZF4, aus-
stattet, das eine vierfache Vergröße-
ngsleistung erbringt.

Das weiße Schneehemd eignet sich hervorragend für den Scharfschützeneinsatz in verschneitem Gelände; über der angenähten Kapuze, die mit einer Kordel um das Gesicht zugezogen werden kann, wird ein weißgestrichener Stahlhelm 35 getragen. Das aus leichtem, weißen Stoff gefertigte Überhemd wird durch vier weiße Knöpfe aus Presspappe geschlossen, wie sie auch für die beiden Brusttaschen verwendet werden. Die Ärmel des Hemdes lassen sich mit einfachen knöpfbaren Strippen engerstellen.

Zur Tarnung und gegen die Kälte werden weiße Fäustlinge über den gestrickten grauen Fingerhandschuhen getragen.

s grünolivfarbene
bkoppel (gegen
egsende wegen
erknappheit aus-
geben) wird mit ei-
n feldgrauen Ka-
nschloß aus
hlblech geschlos-
. Neben der
bstladegewehr-
gazintasche
gt der Soldat
h eine Patronen-
che für Karabi-
vorne am Kop-
. Außerdem
rt er am Rücken
en Klappspaten,
Zeltbahn und
Doppelfernrohr
st Behälter
. Scharfschüt-
erhielten zur
ndardausrü-
ng zusätzlich
h einen Kom-
und ein
npfmesser.

Damit sie auch über wattierten Hosen getragen werden kann, ist die Hose des Schneeanzugs sehr weit geschnitten. Die Knöpfe am Hosenschlitz, an den Hosentaschen und den Strippen um die Knöchel sind auch hier aus Presspappe.

Auf dem Schneehemd sind ein Marschkompaß, ein 10-Schuß-Magazin für das G 43 und ein Nahkampfmesser (Infanteriemesser 42) drapiert. Der auf dem Selbstladegewehr eingestempelte Herstellercode »duv« verweist auf die Berlin-Lübecker Maschinenfabriken, während der Code »dow« auf dem ZF4 zeigt, daß das Zielfernrohr von der Waffenfabrik Brünn AG in Prerau hergestellt wurde.

MG-Schütze der Division »Totenkopf«,

Die feldgraue Einheitsfeldmütze des Mannes wird vorne am Umschlag mit zwei kleinen gekörnten, feldgrau lackierten Knöpfen geknöpft. An der Vorderseite ist das Totenkopf-Abzeichen angenäht und links auf dem Umschlag das Hoheitsabzeichen; Totenkopf und »Mützenadler« sind in grauem Garn auf schwarzem Grund maschinengewebt. Zum besseren Schutz gegen die schneidende Kälte trägt der Soldat den schlauchförmigen Kopfschützer unter seiner Feldmütze. Der dreiviertellange Schaffellmantel ist kein vorschriftsmäßiges Kleidungsstück. Der Schafpelz-gefütterte Mantel (braun für den Rumpf und die Ärmel, weiß für den Kragen) hat zwei Seitentaschen mit verstärkten Eingriffen und wird durch vier Lederknebel geschlossen. Der Kragen läßt sich über einen Haken-Ösen-Verschluß schließen, wie er auch bei der Feldbluse verwendet wird.

Dieses MG 42 mit Code »d
wurde 1943 von den Gustl
Werken hergestellt. Es h
delt sich dabei um eine spä
re Ausführung, wie an dem
weglichen Spannschieber
sichtlich ist; das Zweibein
ist angeklap

Am schwarzledernen Koppel mit feldgrau lackiertem SS-Koppelschloß trägt der MG-Schütze seine Werkzeugtasche 42, die Pistolentasche für seine Pistole P 38 und eine Aufschiebeschlaufe. Die Hosen des wendbaren SS-Wintertarnanzuges (hier mit der weißen Seite nach außen) sind mit Reißwolle gefüttert; sie werden durch ein Zugband geschlossen, das in einem Durchzug um die Hüfte läuft. Marschstiefel sind immer noch eine begehrte Fußbekleidung.

Bei grimmiger Januarkälte trat die SS-Panzerdivision »Totenkopf« unter SS-Brigadeführer Helmut Becker im Zuge der Operation »Konrad« zu einem Angriff an, der zum Entsatz des eingeschlossenen Budapest führen sollte. Die vom 1. bis zum 28. Januar 1945 andauernde, verlustreiche Offensive gegen zahlenmäßig immer stärker werdende sowjetische Kräfte wurde schließlich eingestellt. Gemeinsam mit seinen Kameraden der Panzeraufklärungsabteilung der Division nimmt dieser MG-Schütze 1 an dem Entsatzversuch teil

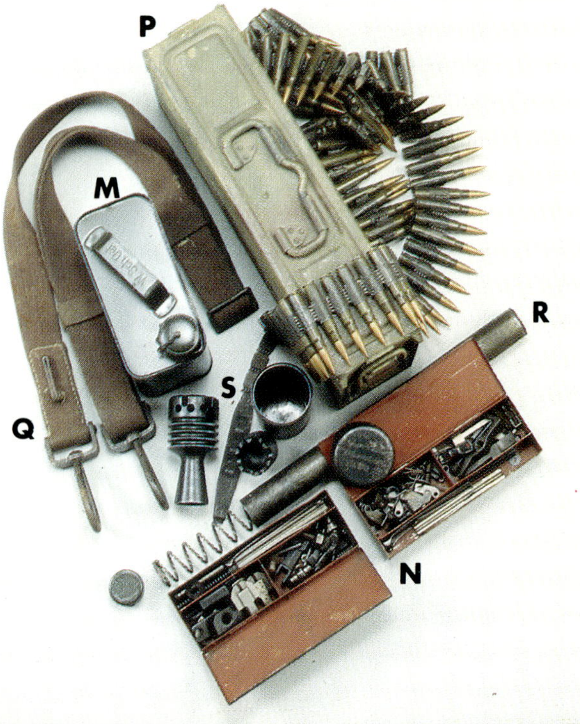

Diverses Zubehör für das Maschinengewehr 42:
- M – Öl- oder Petroleumbehälter (so geformt, daß zwei in einem Patronenkasten Platz haben).
- N – Ersatzteilkasten für MG.
- O – Gurttrommelträger 34 (für zwei Gurttrommeln 34 mit je 50 gegurteter 7,92-mm-Patronen).
- P – Patronenkasten 41 (für 300 Schuß gegurteter Munition).
- Q – Tragegurt zum Tragen von MG-Gerät.
- R – Ersatzschließfeder mit Behälter.
- S – Rückstoßverstärker mit Petroleumbüchse.

Ungarn 1945

s Wetter hat sich ein
nig gebessert, so daß
r SS-Sturmmann (Ge-
ite) seinen Pelzman-
 ausziehen konnte.
 durch kommt seine
ldbluse 43 zum Vor-
hein, die mit fünf
öpfen geschlossen
rd. Dieses Feldblu-
n-Modell ist an den
lenden Quetschfal-
n und den gerade
schnittenen Ta-
henpatten zu er-
nnen.

Der ausgebleichte Tarnüberzug (2. Modell) des Stahlhelms ist aus zwei verschiedenen Versionen des sogenannten »Platanenmusters« gefertigt; die drei unter Federspannung stehenden, doppelseitigen Haken, mit denen der Überzug am Helm befestigt wird, bestehen aus rostträgem Stahl. Der maschinengestickte Totenkopf auf dem rechten Kragenspiegel ist das Verbandsabzeichen der SS-Totenkopf-Division; die Angehörigen dieser Division trugen neben dem Totenkopf am Kragenspiegel gewöhnlich auch noch einen Ärmelstreifen mit dem Divisionsnamen. Der Sturmmann trägt sein Dienstgradabzeichen auf dem linken Kragenspiegel – eine einfache Aluminiumlitze mit schwarzem Mittelstreifen – und als Gefreitenwinkel auf dem linken Oberarm, unter dem maschinengestickten Hoheitsabzeichen. Seine Schulterklappen sind goldgelb vorgestoßen, in der Waffenfarbe der Aufklärungstruppe.

Das Ordensband des EK II wurde durch das zweite Knopfloch der Bluse gesteckt und festgenäht; an der linken Brusttasche trägt der MG-Schütze das Allgemeine Sturmabzeichen. Der Kopfschützer ist zurückgerollt und wird als Schal getragen; um den Hals hängt eine Schneeschutzbrille.

Der maschinengewebte Ärmelstreifen mit dem Divisionsnamen »Totenkopf« in lateinischer Schrift wurde 1943 eingeführt; dieses Exemplar stellte die Wuppertaler Firma BeVo her.

Die wattierte Hose wird nun mit der Tarnseite nach außen getragen (wobei auffällt, daß das Tarnmuster der Knieverstärkung etwas größer ist). Es handelt sich hierbei um die letzte Ausführung des SS-Wintertarnanzuges, der mit dem fünffarbigen »Erbsenmuster« bedruckt war und nur in geringen Stückzahlen gefertigt wurde. Hosenschlitz und -taschen sind ebenso gearbeitet wie bei den übrigen Winterhosen in diesem Buch.

Koppel-
ge-
st
s in die
zeug-
e und
in die
hie-
laufe
hakt.
iemen
erk-
a-
der
den
stlap-
est-
ist ei-
hand-
te 39
hängt.
turm-
ck
nicht
nen) wird
m
en getra-

Werkzeugtasche 42 mit Inhalt:
A – Kreiskorn zur Fliegerabwehr.
B – Ölkanne.
C – Hülsenauszieher (für Hülsenreißer und -klemmer).
D – Ersatzschloß, vollständig.
E – Einführstück für Patronengurt.
F – Platzpatronengerät.
G – Werkzeugtasche 42.
H – Asbestlappen als Handschutz zum Wechseln heißgeschoßener Läufe.
I – Werkzeug zum Auswechseln des Ausziehers.
J – Hülsenauszieher (für unbeschädigte Hülsen).
K – Staubschutzbeutel.

Oberschütze der Division »Wallonien«

Der wendbare Tarnüberzug des Stahlhelms – im chenlaubmuster«, mit der Herbstseite nach auße besteht aus Zeltbahnstoff. Als Schal-Ersatz wird Kopfschützer getragen, der den Halsausschnitt wa hält. Die Bluse der Felduniform 44, hier aus graub nem Tuch, wird vorne durch fünf Knöpfe geschloss (der oberste, sechste Knopf wird meist nicht knöpft); die beiden Brusttaschen schließen mit kn baren Taschenpatten. Die Ärmel lassen sich hin durch einen Kunststoffknopf und zwei Knopflöc schließen, bzw. verengen. Der Vorderteil der Bluse in der oberen Hälfte mit weißlichem Futterstoff ge tert, in den auch die beiden Innentaschen eingese sind. Die zwölf gekörnten Metallknöpfe an der Bl sind feldgrau lackiert. Die schwarzen Schulterklap des SS-Obergrenadiers sind in der weißen Waf farbe der Infanterie vorgestoßen. Der rec Kragenspiegel aus schwarzen Wollstoff tr maschinengewebte Sig-Runen in weiß Garn, der linke Kragenspiegel ist blank. rechten Oberarm des Freiwilligen ist Edelweiß-Ärmelabzeichen aufgenäht, w ihn als ehemaligen »Legionär« ausw (hier allerdings die Ausführung für Gebirgstruppen der Waffen-SS; *vgl 28 bzw. 98)*. Unter dem Hoheitsab chen am linken Oberarm wird Dienstgradabzeichen getragen, gestickter silbergrauer Stern kreisrunder, schwarzer Unterla An der linken Brusttasche ist Infanterie-Sturmabzeichen an stec

Der Wehrmacht erwuchs im Verlauf des Krieges eine der größten Fremdenlegionen aller Zeiten – Tausende von Freiwilligen aus West- und Osteuropa, ja sogar aus Indien und dem arabischen Raum, wurden zu ihren Waffengenossen. Im Februar 1945 wurde die 28. SS-Freiwilligen-Grenadier-Division »Wallonien« nach Pommern geworfen. Der aus wallonischen Freiwilligen bestehende Verband wurde südlich von Stargard eingesetzt – in einem letzten verzweifelten Versuch, die sowjetische Offensive aufzuhalten, die von der Weichsel bis an die Oder vordrang. In Pommern fochten die »*Bourguignons*« ihren letzten Kampf und hielten ihre Stellungen praktisch bis zum letzten Mann.

Ärmelabzeichen der »Wallonischen Legion«, die seit 1941 als Infanteriebataillon 373 verschiedenen Divisionen unterstellt worden war, bevor sie im Juni 1943 in die Waffen-SS überführt wurde. Die Ärmelabzeichen sind schwarz gerandet und zeigen die belgischen Landesfarben mit dem Landesnamen »WALLONIE«. Die beiden hier gezeigten (Höhe: 7 bzw. 6,3 cm; Breite: 6,5 bzw. 6,3 cm) sind Abzeichen in der für das Heer typischen Form, die jedoch von den Angehörigen der Division…

…häufiger getragen wurden als die SS-Ausführung *(vgl. S. 93 und 125)*. Da die »Wallonische Legion« früher einmal zu einer Gebirgsdivision gehört hatte, trugen zahlreiche »Ehemalige« weiterhin Abzeichen und Ausrüstungsstücke der Gebirgsjäger.

Das schwarze Lederkoppel ist mit nem mattsilbern lackiertem Kop schloß versehen; die beiden Magazi schen für das bahnbrechende Sturm wehr 44 (StG44), das auch als MP bezeichnet wird und Patronen vom K ber 7,92 mm x 33 verschießt, be hen aus schmutziggrauem Baumw stoff mit Lederbesätzen in drei schiedenen Farben (!). Die Magazi schen konnten je drei 30-Schuß-Ma zine aufnehmen. Der Wallone hat e Eierhandgranate 39 an der rechten sttasche eingehä

Die Hose des getarnten lichanzuges, der nur in dies »Erbsenmuster« gefertigt w de, wird durch ein Zugb um die Knöchel gerafft. dicken grauen Wollsoc sind auf die Bergschuhe naturbraunem Leder herab rollt, die durch Schnürlöc und -haken geschlossen w d

Pommern 1945

e Bergmütze des Grena-
ers, deren Umschlag
rch zwei kleine Knöpfe
schlossen wird, ist aus
dgrauem Tuch gefertigt.
wohl das Totenkopf-Ab-
chen an der Vorderseite
s auch das Hoheitsabzei-
en an der Seite sind in
bergrauem Garn auf
hwarzem Grund gewebt.
nter dem »Mützenadler«
ßt sich das Edelweiß-Ab-
chen für die Bergmütze
eeresausführung) erken-
n.

s der linken Muffta-
he hängen gestrickte
gerhandschuhe aus
auer Wolle. Der Stahl-
lm ist mit dem Kinn-
men am Koppel ein-
hängt. In linker
nd trägt der Grena-
r das Koppeltrage-
stell und die bei-
n Magazinta-
hen seines StG44
e gefüllt stolze
5 kg wiegen);
Waffe hängt
er der rechten
hulter.

Der Übermantel der Waffen-SS (späteres Modell) aus dickem, feldgrauen Tuch ist mit einem grauen Wollfutter unterlegt – bis auf die Ärmel, für die graue Kunstseide verwendet wurde *(vgl. auch S. 30)*. Die eingenähte Kapuze läßt sich in den Mantel zurückfalten. Der Mantel schließt mit sechs am rechten Vorderteil angebrachten Knöpfen, an denen das linke Vorderteil festgeknöpft wird. Im Unterschied zu den Seitentaschen haben die beiden Mufftaschen keine Taschenpatten; auf der linken Innenseite ist eine Tasche im Futter eingenäht. Sämtliche äußeren Knöpfe sind aus feldgrau lackiertem Metall. Hoheits- und Dienstgradabzeichen werden am linken Ärmel getragen. Die Schulterklappen sind abnehmbar.

Der Schnitt der Hose entspricht dem der feldgrauen Rundbundhose. Die Hosentaschen werden ebenso wie der Hosenschlitz durch napfförmige Leichtmetallknöpfe geschlossen. Die vier knöpfbaren Stofflaschen (zwei vorne und zwei hinten) dienen zum Durchziehen eines Hosengürtels oder des Koppels; mit der an beiden Hüften im Bund eingelassenen Schnallvorrichtung läßt sich die Hose engerstellen. Die Beinenden, die seitlich geschlitzt sind, werden mit einer im Saum untergebrachten Schnur geschnürt. Soll die Hose mit Hosenträgern getragen werden, werden diese vorne an zwei innen angenähten Knopfpaaren angeknöpft, sowie an den Knöpfen der nach oben verlängerten Gürtelschlaufen an der Rückseite; wenn nicht benötigt werden diese nach innen umgelegt.

Die Hose des getarnten Drillichanzuges – hier in der Ausführung aus glattem Drillich – ist in den fünf Farben des »Erbsenmusters« bedruckt. Dieser Anzug war die erste Tarnuniform der Waffen-SS, die nicht mehr wendbar war; im Unterschied zu den Tarnschlupfjacken war sie auch nicht wasserabweisend.

Zugführer der Division »Nederland«,

Auf der Rückseite trägt dieses Feldbindenschloß für SS-Führer den Herstellernamen »OLC« (für Overhoff & Co. aus Lüdenscheid) in einer Raute. Das aus Zamak (Legierung aus Zink und Aluminium) gefertigte mattaluminiumfarbene Schloß ist auf der linken Seite mit einer Dornschnalle an dem Leibriemen befestigt, während das andere Ende des Riemens in einen flachen, eckigen Rahmen auf der Rückseite des Schlosses eingehakt wird. Das geprägte Schloß zeigt einen Adler mit ausgebreiteten Schwingen, der ein eichenlaubumkränztes Hakenkreuz in den Fängen hält; darunter befindet sich der Wahlspruch der Waffen-SS »Meine Ehre heißt Treue« in einem Schriftband.

Bereits im Juli 1941 meldeten sich scharenweise niederländische Freiwillige zum Dienst in der Waffen-SS, um an der Ostfront zu kämpfen. Am 22. Oktober 1943 wurde die ursprüngliche SS-Freiwilligen-Legion Niederlande in die 4. SS-Freiwilligen-Panzergrenadier-Brigade »Nederland« umgebildet, bevor sie am 10. Februar 1945 als 23. SS-Freiwilligen-Panzergrenadier-Division »Nederland« (niederländische Nr. 1) in die Stammrolle der Waffen-SS aufgenommen wurde. Die niederländischen Freiwillige gehörten zweifellos zu den kampfesfreudigsten Soldaten und wurden häufig an den Brennpunkten der Ostfront eingesetzt. Viele von ihnen erhielten hohe Auszeichnungen (19 Ritterkreuze alleine für die 23. Division). Hier wird ein SS-Untersturmführer (Leutnant) der Sturmartillerie dargestellt, während der Kämpfe in Pommern, als seine Division der 3. Panzerarmee unterstellt war.

Schriftzug und Randstreifen des von der Wuppertaler Firma BeVo (Bandfabrik Ewald Vorsteher) hergestellten Ärmelstreifens sind in grauem Garn maschinengewebt. Dieses Abzeichen wurde von fast allen Angehörigen der Division getragen.

Die Schirmmütze, die kurze Jacke und die Hose des Feldanzuges sind aus italienischem Stoff gefertigt [1]. Die Schirmmütze für Offiziere zeigt eine Mützenkordel aus hellaluminiumfarbenem Drahtgespinst, die auf beiden Seiten mit kleinen gekörnten Knöpfen von der Farbe der Kordel angeknöpft ist. Der Besatzstreifen der Mütze besteht aus schwarzem Samt, während die Abzeichen aus erhaben geprägtem, mattem Aluminium gefertigt sind. Die weißen Vorstöße an der Schirmmütze waren für alle Waffengattungen der Waffen-SS vorgeschrieben (lt. Befehl vom 5.11.1940). Die kurze Feldjacke des feldgrauen Feldanzuges für Sturmgeschützeinheiten wird über einem dunkelgrauem Trikothemd mit Krawatte getragen. Das linke Vorderteil der Jacke, das übergeknöpft wird, hat unterhalb der Brustklappe eine verdeckte Knopfleiste mit vier großen Knöpfen; drei weitere Knöpfe aus Kunststoff, von denen zwei sichtbar und der dritte unter dem Kragen verborgen sind, dienen dem Höchknöpfen der Brustklappe. Die Ärmel haben auf der hinteren Naht einen knöpfbaren Schlitz. Die Brustpartie ist mit grauem Baumwollsatin gefüttert und auf beiden Vorderteilen findet sich innen je eine Tasche aus Futterstoff. In der Seitennaht befinden sich Zugbänder zum Verengen der Jacke.

(1) *Nach dem Abfall Italiens – am 8. September 1943 war der bisher geheimgehaltene Sonderwaffenstillstand zwischen den Alliierten und der Regierung Badoglio bekanntgegeben worden – requirierte die Wehrmacht gewaltige Mengen an Kriegsgerät und -ausrüstung des ehemaligen Bündnispartners, darunter große Mengen italienischen Uniformtuches. Letzteres wurde gerne auch für die Uniformen von Selbsteinkleidern (v.a. Offiziere und Unteroffiziere) verwendet. Die Farbe dieses robusten und modischen Tuches wurde offiziell als stahlgrau bezeichnet und konnte von grau bis graugrün reichen.*

Die parallelogrammförmigen Krag
spiegel des Untersturmführers sind
schwarzem Samt bedeckt und mit
drehter Aluminiumlitze gesäumt.
rechte Kragenspiegel ist mit handgesti
ten Sig-Runen aus Aluminium verseh
der linke trägt das Dienstgradabzeiche
drei 12 mm große Aluminiumster

Die schwarz unterleg
Schulterstücke sind
Zunge und Schla
abnehmbar an
bracht. Die bei
nebeneinander
genden, mattalu
niumfarbe
Plattschnurstr
ge sind in der
ten Waffenfa
der Sturm
schütze vo
stoßen, die
Artillerie ge
t

Das Ärm
Hoheitsab
chen ist
Aluminium
spinst
schwarz
Grund mas
nengewe
Das Schild
zeichen in
holländisc
Landesfar
wird 1,5 cm ü
dem Ärmelstrei
»Nederland« getra
(vorgeschriebene
geweise bis 194

Das EK I und eine Orde
spange mit dem Band
EK II und der Ostmeda
sind an der linken Brust
gesteckt. Am Koppel hä
eine Pistolentasche (fr
Ausführung) für die P

Sämtliche Taschen
Feldhose sind mit knöpf
ren Taschenpatten ve
hen. Um die Knöchel v
den die Hosenbeine
Bändern geschlossen.
Schnürstiefel sind
schwarzem Le

Pommern 1945

Kapuze des Wintertarnanzuges zurückgeschlagen und gibt den ck auf den grünen Wollschal des ziers frei. Das »Zweidornkoppel« eigentlich ein Ausrüstungsstück Offiziere des Heeres, das aber h von SS-Führern gerne gegen wurde, da dieses Kop- nicht so leicht aufging ihr Feldbinden- loß. Am Leibrie- n ist die Pisto- tasche für die er Hand ge- tene P 38 ge- lauft.

Die Hose und Jacke dieses SS-Wintertarnanzugs sind wohl aus demselben Stoffposten gefertigt. Beide Stücke sind ist in erstklassigem Zustand und geben ein Zeugnis davon, wie die Farben des Anzugs aussahen, wenn er frisch von der Kammer kam. Das vierfarbige Tarnmuster wurde mit einer Druckwalze direkt auf den Baumwollstoff aufgebracht, der bedingt wasserabweisend war. Die hier gezeigte Ausführung des SS-Wintertarnanzugs, mit der Frühlingsseite des »Eichenlaubmusters« nach außen, war selten.

Auch dieser wendbare Wintertarnanzug ist mit Reißwolle gefüttert, Schnitt und Ausstattung unterscheiden sich ebenfalls nicht von den übrigen in diesem Buch gezeigten Exemplaren des Winteranzuges *(siehe auch S. 60)*. Der Untersturmführer hat seine Schnürstiefel mittlerweile gegen Marschstiefel eingetauscht.

Diese Einheitsfeldmütze, die aus dem gleichen italienischen Tuch gefertigt wurde wie die gegenüber gezeigte Uniform, ist in der Deckelnaht mit heller Aluminiumlitze vorgestoßen (wie es für Offiziere üblich war). Das Totenkopf-Abzeichen und das Hoheitsabzeichen sind maschinengewebt (silbergrau auf schwarz, obwohl die Stickereien bei Offizieren üblicherweise aus Aluminiumfaden bestanden). Der Umschlag wird durch einen einzelnen Kunststoffknopf geschlossen; ein Schweißband fehlt bei der graugrün gefütterten Mütze.

Die beiden maschinengewebten Ärmelabzeichen (hier die Ausführung der Waffen-SS) wurden an alle Ranggruppen ausgegeben; beides sind deutsche Spätkriegsfertigungen. Auf einem schwarz gerandeten Schild sind die niederländischen Landesfarben orange-weiß-blau zu sehen. Das linke Exemplar ist getragen und zeigt entsprechende Gebrauchsspuren, während das rechte fabrikneu ist

Panzerjäger der Division »Nordland«,

Die Einheitsfeldmütze des Unterführers ist aus feldgrauem Tuch von schlechter Qualität gefertigt. Der Umschlag wird durch einen hellgrauen Knopf aus Presspappe geschlossen; der Totenkopf ist zusammen mit dem Hoheitsabzeichen auf einem trapezförmigem, graugrünem Grund gewebt.

Zu dem dunkelgrauen Wollhemd wird eine schwarze Krawatte getragen. Die hüftlange Jacke für Sturmgeschützbesatzungen ist aus dem gleichen Material wie die Feldmütze gefertigt. Aufgrund seiner schlechten Qualität hat das Tuch die feldgraue Farbe beim Färben nur schlecht angenommen, so daß das Material weißmeliert erscheint. Das Futter, in das auch die beiden Innentaschen eingelassen bzw. aufgesetzt sind, besteht aus bräunlicher Baumwolle. Am Schnitt der Jacke wurde kaum etwas verändert *(vgl. S. 101)*, nur an der Qualität, so sind etwa die Knöpfe nun aus Leichtmetall.

Die beiden Sterne aus Aluminium auf
linken Kragenspiegel des Oberscharfüh
zeigen ebenfalls seinen Dienstgrac
Auf dem linken Oberarm ist das SS
heitsabzeichen aufgenäht; der Är
streifen mit dem Divisionsnamer
findet sich an der vorgeschriebe
Stelle am linken Unterarm. D
das Knopfloch in der Brustkl
werden die Ordensbänder des
und die Ostmedaille getra

Nachdem sie Ende Januar aus dem Kurland-Kessel herausgezogen worden war, wurde die 11. SS-Freiwilligen-Panzergrenadier-Division »Nordland« nach Pommern verlegt. Dort gaben die überwiegend skandinavischen Freiwilligen ihr Bestes, um Seite an Seite mit niederländischen, flämischen, wallonischen und deutschen Verbänden den Ansturm der Sowjetarmeen zu bremsen. Am 15. Februar 1945 begann hier die Operation »Sonnenwende«, die jedoch nach 48 Stunden härtester Kämpfe steckenblieb. Im Zuge dieses Unternehmens besetzten die Panzerjäger der Division »Nordland« die Höhe 107 südlich von Hassendorf. Die Männer von SS-Sturmbannführer (Major) Schulz-Streek hatten nicht weniger als 22 sowjetische T 34 zerstört, bevor sie aus ihren Stellungen wieder hinausgedrängt wurden.

An der linken Brus
die Nahkampfsp
in Silber angeste
die für die Teilna
an 30 Nahkampft
verliehen wurde. D
Auszeichnung be
daß der Träger e
hohen persönli
Einsatz gezeigt h
muß. Unter der Sp
sind das EK I unc
Allgemeine Sturma
chen angesteckt.
Kastenschloß w
an alle SS-Angehö
bis zum Rang eine
Sturmscharfü
(Stabsfeldwebe
mindestens 12 Ja
Dienstzeit) ausg
ben. Die aufgesch
te schwarze Pistol
sche birgt eine PO
der linken Hand
der Unterführe
Meßtisch

Unten: Die abnehmbar angebrachten, schwarzen Schulterklappen des SS-Oberscharführers (Feldwebel) sind in rosa vorgestoßen, der Waffenfarbe der Panzerjägerabteilung 11. Das gotische »P« für Panzerjäger besteht aus geprägtem Metall und ist mit zwei Stiften auf der Schulterklappe befestigt, über dem einzelnen Stern, der zusammen mit der Tresseneinfassung den Dienstgrad anzeigt. Der Kragenspiegel aus schwarzem Wollstoff zeigt die maschinengestickten Sig-Runen (die eigentlich nicht hierher gehören, da »Nordland« an ihrer Stelle ein offenes Sonnenrad trug).

Kurland 1945

s an einem schwarzen
men um den Hals gehäng-
Doppelfernrohr 7 x 56 ist
Fabrikat der Firma Hen-
dt; der dazugehörige
hälter aus schwarzem
ßstoff (Bakelit) ist zusam-
n mit der Pistolentasche am
ppel aufgeschlauft.

Die Pelzmütze besteht aus mit Kaninchenfell bezogenem, feldgrauen Stoff und ist mit grüner Kunstseide gefüttert; an der Vorderseite sind die beiden Mützenabzeichen der SS angebracht. Seiten- und Nackenschutz lassen sich abklappen, werden hier jedoch mit Knopf und Lasche an der Oberseite hochgehalten. Die mit grauer Wolle überzogenen Ohrenschützer werden von einem biegsamen, U-förmigen Metallstreifen gehalten.

Die Jacke des wendbaren Wintertarnanzuges wird hier mit der weißen Seite nach innen getragen, wodurch das »Rauchtarnmuster« – verschwommen wirkende Brauntöne (Herbstseite) – zur Geltung kommt. Die Handschuhe sind in denselben Farbtönen gehalten, aber im schärfer begrenzten »Eichenlaubmuster«.

Das aus feinem Zink geprägte SS-Hoheitsabzeichen und der Totenkopf stammen von der Schirmmütze, lassen sich aber auch an anderen Kopfbedeckungen, etwa der Pelzmütze, anbringen; sie werden mit zwei Stiften auf der Rückseite befestigt. Die Mannschaftsausführung des SS-Koppelschlosses ist aus einer feldgrau lackierter Stahllegierung gefertigt; auch hier rahmt das SS-Motto einen Adler mit ausgestreckten Schwingen ein, der ein Hakenkreuz hält.

keilförmig zu-
ende Hose be-
nt aus gutem
robusten grau-
nen Stoff. Sie
wie die Panzer-
e gearbeitet,
ei die ganze un-
Gesäßhälfte
ch einen Besatz
stärkt ist; die
entaschen wei-
Taschenpatten
zwei Knöpfen
Zu den Schnür-
feln aus
warzem Leder
den graue Woll-
ken getragen.

Eine Ausführung des maschinengestickten Ärmel-Hoheitsabzeichens für Unteroffiziere und Mannschaften (silbergraues Garn auf schwarzem Grund).

Der seit Mitte 1943 getragene, maschinengewebte Ärmelstreifen der Division; hier eine von BeVo in Wuppertal gefertigte Variante, mit dem charakteristischen »Salz-und-Pfeffer«-Muster auf der Rückseite.

Ausgezeichnet

Adolf Schlicht/John R. Angolia
Die Deutsche Wehrmacht Uniformierung und Ausrüstung 1933-1945
Band 1: Das Heer
Vom Ärmelstreifen über den Waffenrock bis hin zum Brotbeutel, zur Feldflasche und der Truppenfahne – mit beispielloser Akribie haben die Autoren hier sämtliche Ausrüstungs-Varianten, die im deutschen Heer zwischen 1933 und 1945 geführt wurden, in Bild und Text zusammengestellt.
600 Seiten, 850 Bilder
Bestell-Nr. 01390 **DM 78,–**

Brian L. Davis
Uniformen und Abzeichen des deutschen Heeres 1933-1945
Der Soldat »vom Scheitel bis zur Sohle«: Von der ersten Uniform der Reichswehr bis zur letzten Felduniform von 1945.
240 Seiten, 375 Bilder
Bestell-Nr. 10301 **DM 49,80**

Kurt G. Klietmann
Auszeichnungen des Deutschen Reiches 1936-1945
Vom Eisernen Kreuz zum Kreta-Ärmelband, vom Deutschen Kreuz in Gold zum einfachen Kampfabzeichen. Dazu gibt's Tips, wie man Fälschungen erkennt.
240 Seiten, 274 Bilder
Bestell-Nr. 10689 **DM 39,80**

Adolf Schlicht/John R. Angolia
Die Deutsche Wehrmacht Uniformierung und Ausrüstung 1933-1945
Band 2: Die Kriegsmarine
Vom Matrosen bis zum Admiral: alle Uniformteile und Ausrüstungsgegenstände der deutschen Kriegsmarine 1933 bis 1945 in Wort und Bild.
568 Seiten, 820 Bilder
Bestell-Nr. 01656
DM 78,–

Carlos Lorch
Im bunten Rock
Wenn Gardetruppen paradieren, geht's prächtig zu. In Indien, wenn die Lanzenreiter der Präsidentengarde aufmarschieren, in Marokko, wenn die Königs-Gardisten in ihren Gewändern aus Tausendundeiner Nacht antreten. Das militärische Zeremoniell in 16 Ländern setzt dieses Buch mit fantastischen Farbbildern in Szene.
256 Seiten, 350 Bilder, davon 314 in Farbe
Bestell-Nr. 01846
DM 78,–

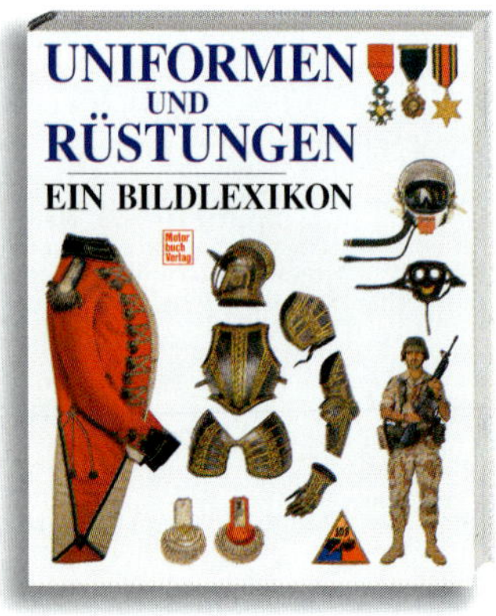

L. Tucker
Uniformen und Rüstungen
Vom Legionär der römischen Kaiserzeit bis zu den Ausrüstungsteilen unserer modernen Jet-Piloten folgt dieses Bildlexikon dem Lauf der Geschichte, dargestellt auf je einer großformatigen Doppelseite. Hunderte von Detail-Benennungen begleiten die über 200 brillanten Farbaufnahmen.
64 Seiten
Bestell-Nr. 01733 **DM 36,–**

Brian L. Davis
Uniformen und Abzeichen der NATO
Hier lesen Sie alles über die Uniformen und Abzeichen sämtlicher Waffengattungen der NATO-Mitgliedstaaten. Dazu eine exakte Darstellung zu Geschichte und Organisation dieses Militär-Paktes.
208 Seiten, 174 Bilder, davon 63 in Farbe
Bestell-Nr. 01427
DM 59,–

Diese Bücher erhalten Sie in Ihrer Buchhandlung.

Stand Juni 1998 – Änderungen in Preis und Lieferfähigkeit vorbehalten

Ihr Verlag für Zeitgeschichte
Motor buch Verlag

Postfach 10 37 43, 70032 Stuttgart
Tel. (0711) 210 80-0, Fax (0711) 236 04 15